ESSAI

SUR LES CHEMINS VICINAUX.

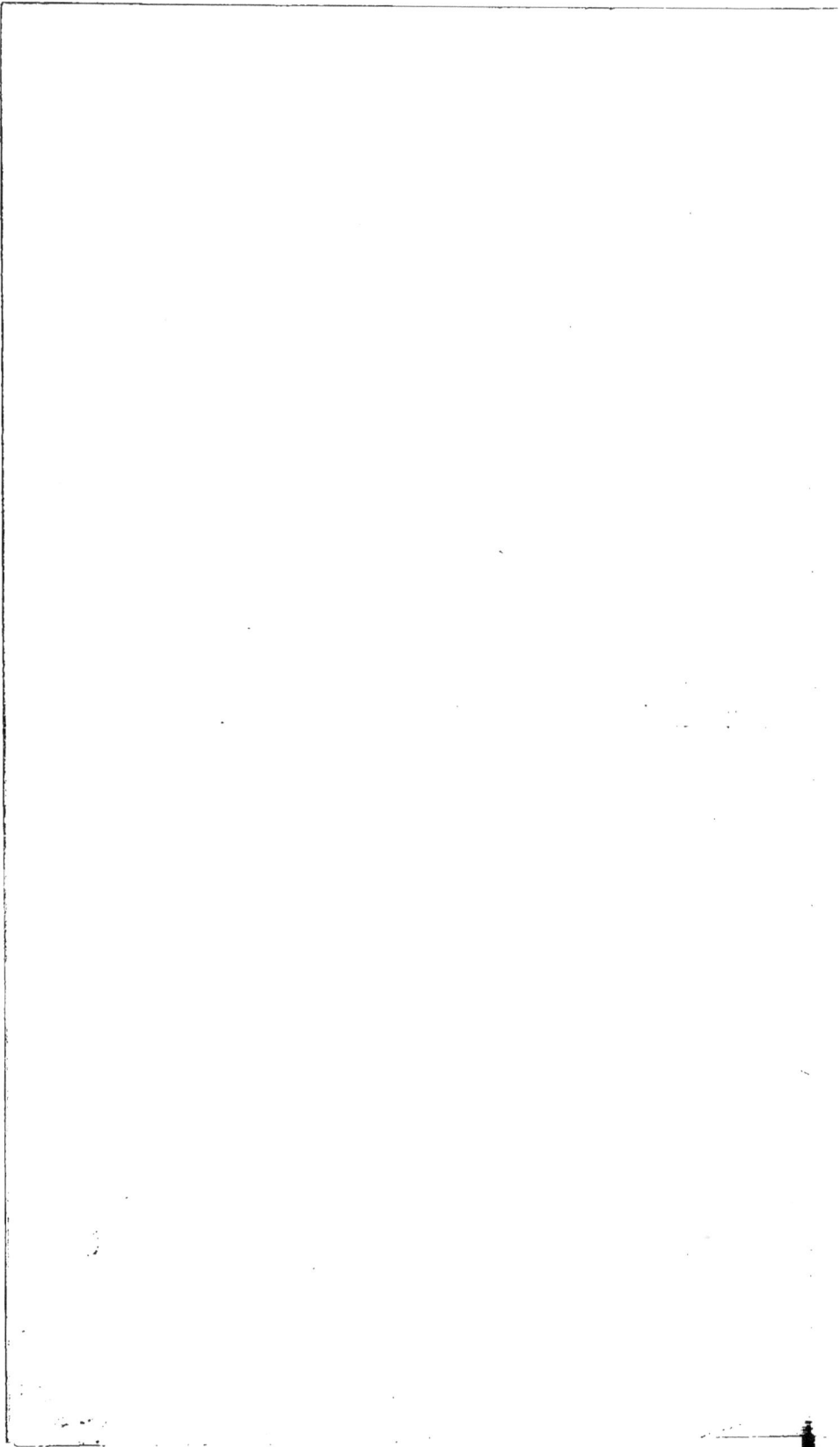

ESSAI

SUR

LES CHEMINS VICINAUX,

COMPRENANT LES RÈGLES APPLICABLES :

1° AUX AUTORISATIONS DE CONSTRUIRE LE LONG DES VOIES PUBLIQUES EN GÉNÉRAL ;

2° AUX CONTESTATIONS QUI PEUVENT S'ÉLEVER ENTRE LES ENTREPRENEURS
DES TRAVAUX ET LES COMMUNES ;

3° A LA POLICE ET LA CONSERVATION DES CHEMINS RURAUX,

PAR

A. VITARD,

AGENT-VOYER DE L'ARRONDISSEMENT DE BEAUVAIS,
MEMBRE DE L'ATHÉNÉE DU BEAUVAISIS.

Beauvais,

IMPRIMERIE DE MOISAND.

1845.

ERRATA.

Page 6, ligne 13, au lieu de : *importants*, lisez : *importantes*.

— 14, — 3, — *conseils* ; — *consuls*.

— 57, — 21, — *concurrrence*, — *occurrence*.

— 68, à la suite du mot *arrêté*, dans la note n° 2, il faut lire : *voir le modèle de cet arrêté, n° 6*.

Page 72, la note doit être reportée à la page 68.

— 79, lignes 10 et 27, au lieu de : *récépage*, lisez : *recepage*.

A MONSIEUR BITOUZÉ-DAUXMESNIL,

Agent-Voyer en chef de la Manche,

CHEVALIER DE LA LÉGION D'HONNEUR,

MEMBRE DE PLUSIEURS SOCIÉTÉS SAVANTES.

———————◆◆◆———————

Monsieur l'Agent-Voyer chef,

Si, pendant que j'étais employé sous vos ordres, je n'ai pu vous prouver ma gratitude pour les bons offices que vous m'avez accordés, qu'en me dévouant entièrement à mes fonctions, permettez-moi de saisir, aujourd'hui, l'occasion qui se présente, de vous offrir un témoignage public de ma reconnaissance, en vous dédiant mon ESSAI, résultat de mes observations et de mes recherches sur le service qui m'est confié.

Je ne m'abuse pas sur la valeur de mon œuvre ; je sais qu'elle n'est pas digne de vous ; mais votre extrême bienveillance, votre indulgence m'est un sûr garant que vous ne verrez que l'intention et que vous en accueillerez favorablement la dédicace. Mieux que personne vous pouvez la juger ; car vous avez étudié toutes les difficultés que comporte ce sujet. Vous avez, à diverses époques, prescrit toutes les mesures propres à créer, pour le département dont vous dirigez le service, une ère de prospérité et de bien-être dont vous avez le droit d'être fier.

Mieux que personne aussi, j'ai pu apprécier combien est grand le désir que vous avez d'accomplir dignement la mission qui vous est confiée ; je me suis trouvé bien heureux, dans la sphère de mes attributions, de pouvoir vous seconder quelquefois ; j'en conserve un souvenir qui ne s'effacera jamais.

Votre reconnaissant et tout dévoué,

A. VITARD.

INTRODUCTION.

———

Ouvrir des routes, voilà la science
principale des administrateurs, le
premier devoir des gouvernemens.
Les améliorations, dans l'état moral
et matériel du pays, viennent après,
comme d'inévitables conséquences.

Baron D'HAUSSEZ.

Dans un ouvrage que je publiai, en 1838, sous le titre de
Mémoire sur les chemins vicinaux, j'étais entré dans quelques
détails sur l'exécution de la loi du 21 mai 1836, en signalant
comme indispensable, l'adoption de plusieurs mesures importantes. Depuis, la plupart de ces mesures, qui avaient pour
objet de faire profiter le plus promptement possible, et l'agri-
cu'ture et le commerce intérieur, des bienfaits de la nouvelle
législation, ont été adoptées dans presque tous les départemens.
Je citerai en première ligne, l'augmentation du personnel des
Agents-Voyers, le soin que l'on a apporté à les rétribuer plus

1

convenablement, et enfin leur admission à profiter des avantages des caisses de retraite, créées d'abord en faveur des employés de préfecture seulement.

Je citerai également la mise en pratique du système d'emploi des prestations par le secours des entrepreneurs. L'essai de ce système n'a encore été fait, il est vrai, que dans quelques départemens; mais son extrême simplicité et les avantages immenses qu'il donne les moyens d'obtenir, ne peuvent manquer de le faire adopter par les administrateurs qui auront véritablement le désir de rendre réelles, effectives, les ressources en nature dont peuvent disposer les communes.

Si, sur ces points importants, je me suis trouvé d'accord avec un grand nombre de conseils généraux, je dois espérer que bientôt, les quelques autres observations que j'ai pu faire sur l'application de la loi que je viens de citer, seront également prises en considération, parce qu'elles se rapportent à des mesures peut-être aussi nécessaires que celles qui ont été généralement adoptées.

Quand je m'exprime ainsi, je sais la confiance que l'on doit avoir dans les lumières, dans le bon vouloir des personnes recommandables, à tant de titres, auxquelles l'avenir des chemins vicinaux est confié; je parle des préfets, des membres des conseils généraux et des conseils d'arrondissement. J'ai foi également dans l'intelligence, dans le zèle des maires, appelés à seconder si efficacement les efforts de l'administration. Je sais qu'il y aura des luttes sérieuses à engager, des obstacles à vaincre, des difficultés à surmonter; mais avec du zèle et de l'énergie, on finira par obtenir des résultats satisfaisans, et l'intérêt privé se verra forcé de baisser la tête, honteux d'être reconnu, malgré son masque de désintéressement.

Toutefois, s'il faut de l'énergie pour rendre possibles les résultats que nous pouvons espérer, pour résister aux exigences de l'égoïsme, il faut de l'intelligence pour employer d'une manière profitable, les ressources considérables que la loi met à la disposition de l'administration ; il faut aussi de la bonne volonté et de la persévérance pour ne pas se décourager, quand les passions en jeu font surgir des obstacles à chaque pas.

J'ai cru qu'en faisant connaître à chacun ses droits, qu'en démontrant aussi clairement qu'il me sera possible, les avantages d'un bon système adopté pour rendre viables nos chemins vicinaux les plus importans ; j'ai cru, dis-je, qu'en examinant bien quelle a été l'intention des auteurs de la loi du 21 mai 1836, je rendrais service à mon pays.

Je n'ai pas seulement en vue d'expliquer ce qui concerne l'exécution des travaux, par l'emploi de telle ou telle méthode ; je désire éviter aux riverains et aux propriétaires voisins des chemins, bien des embarras, bien des démarches inutiles, en les éclairant sur le peu de fondement des prétentions qu'ils élèvent, faute, le plus souvent, de connaître leurs droits et ceux de l'administration.

Je jetterai donc, d'abord, un coup d'œil sur la législation qui a régi la matière à diverses époques, avec l'indication des dispositions encore en vigueur. Je ferai connaître aussi de quelle force la loi du 21 mai 1836 a armé l'administration : ce sera l'objet de la première partie de mon Essai. Je consacrerai la seconde au développement du système que je crois le meilleur, pour obtenir des résultats satisfaisans, dans le plus court délai possible, sans imposer de trop lourdes charges aux contribuables.

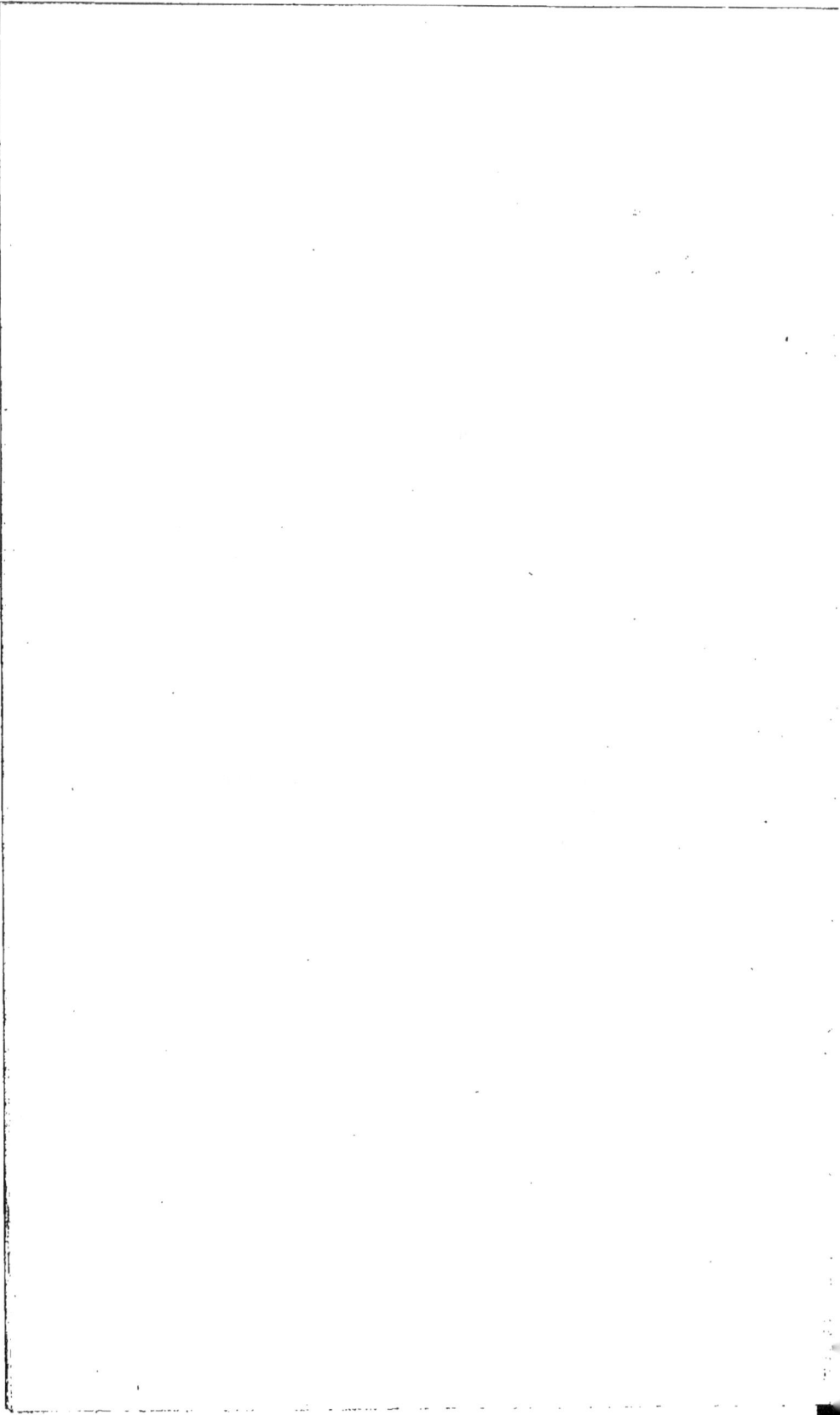

ESSAI SUR LES CHEMINS VICINAUX.

1ʳᵉ PARTIE.

ANCIENNE LÉGISLATION.

CHAPITRE 1ᵉʳ.

Analyse de tous les actes législatifs relatifs aux chemins, depuis 1296 jusqu'à nos jours. — Rapport intime de l'amélioration des voies de communication avec les progrès de la civilisation.

Longtemps en France toutes les voies de communication les plus importantes furent dans un état déplorable, et l'on pourra remarquer que l'on ne s'en occupa qu'au fur et à mesure que la civilisation fit quelques progrès.

Les grandes lignes construites par les Romains (1) cessèrent pour la plupart d'être entretenues quand leurs légions eurent été expulsées des Gaules. Ces voies de communication si importantes pour le grand peuple qui avait senti la nécessité de pouvoir, à l'occasion, porter rapidement ses forces militaires sur tous les points les plus éloignés du centre d'action, ces voies de communication, dis-je, construites avec tant de soin, ne tardèrent pas à devenir tout-à-fait impraticables.

---

(1) L'établissement des premières voies romaines dans les Gaules, remonte à 115 ans avant Jésus-Christ.

Du moment où chacun vint à administrer à sa guise l'étendue de pays dont il se trouva chargé soit en propre, soit à titre de concession, on s'occupa avec le plus grand soin de se mettre en garde les uns contre les autres, sans songer le moins du monde au bien-être des populations. On s'isola, il n'y eut plus d'unité, et, par suite, on négligea tout-à-fait ce qui avait rapport aux chemins.

Un long espace de temps s'écoula et les choses allèrent de mal en pis.

La reine *Brunehaut* seulement, au 7ᵉ siècle, et *Blanche de Castille* au 13ᵉ, s'occupèrent des grands chemins et en ouvrirent de nouveaux qui portent encore leur nom; mais un des premiers actes de l'ancienne législation, sur la matière, qui ait quelque importance, est une ordonnance du mois de mai 1579; il ne s'agissait guère que de quelques chemins de villes importants à Paris, et qui portaient indifféremment le nom de grands chemins ou chemins royaux.

On lit dans cette ordonnance, art. 356 (1). « Tous les grands che-
» mins seront rendus à leur ancienne largeur, nonobstant toutes usur-
» pations, quel que soit le laps de temps écoulé depuis qu'elles peu-
» vent avoir été faites, et aux fins que, ci-après, il n'y soit plus fait
» aucune indue entreprise, ils seront plantés et bordés d'arbres, soit
» ormes, noyers ou autres, selon la commodité du pays, au profit
» de qui la terre appartiendra. »

Cette ordonnance en suppose une autre qui avait déjà réglé la largeur des grands chemins; mais je ne la connais pas.

Il y en a bien une du prévost de Paris, de l'an 1296, de laquelle il résulte qu'aux environs de cette ville, on ne donnait pas aux routes plus de 16 à 18 pieds (Charte de Philippe-Auguste, de l'an 1222); mais les dispositions de cette décision n'étaient applicables qu'à un très petit nombre de voies de communication.

Il en était de même des lettres patentes du 15 février 1556, qui avaient ordonné que la continuation du chemin de Paris à Orléans aurait 51 pieds.

La disposition précitée, relative aux plantations, explique pourquoi

(1) L'imprescriptibilité des routes date de cette ordonnance.

les anciennes voiries de certaines contrées de la France sont bordées de pommiers de chaque côté. (1)

Dans une ordonnance du mois de janvier 1583, on revient sur le même sujet, en prescrivant de nouvelles mesures; on y lit : « ... et » d'ailleurs qu'aucuns de nos sujets ont entrepris sur les chemins » royaux et branches d'iceux, au grand préjudice de nous et de nos » sujets, auxquels par ce moyen, on a ôté la commodité de charroyer, » ce qui les oblige de traverser les terres labourables et ensemencées, » et qui ôte encore aux paysans la possibilité de faire pâturer leur » bétail le long des dits chemins, enjoignons aux grands maîtres des » généralités de faire rétablir les dits grands chemins et branches » d'iceux, suivant leur ancienne largeur, mulctant les usurpateurs » d'iceux, d'amendes arbitraires. — Ordonnons, en outre, à tout » tenant et aboutissant aux dits grands chemins et les branches d'iceux, » de les planter d'ormes, de noyers, etc., les fruits des quels appar- » tiendront aux Agens-Voyers, s'ils y ont droit. »

Sous le règne suivant, l'on s'en occupa beaucoup plus sérieusement. La largeur des grands chemins fut fixée d'une manière positive, et de sages mesures furent prescrites. Le grand Henri voulait le bonheur du peuple, et Sully, son digne ministre, jugea que le meilleur moyen de donner de l'extension au commerce intérieur, alors presque nul, con- sistait dans la facilité des communications.

Un édit du mois de juillet 1607, porte ce qui suit :

« Les grands chemins auront 72 pieds au moins. S'il est jugé né- » cessaire d'en faire de nouveaux, on en adressera les plans d'aligne- » ment au contrôleur général des finances. Dans un délai de six mois, » les bois, épines et broussailles qui empêcheraient la libre circulation, » sur les chemins, dans toutes forêts, seront coupés aux frais des » propriétaires riverains, *quels qu'ils soient;* ce délai expiré, il y » sera pourvu d'office. »

---

(1) *Perrot* dit que les arbres plantés, aux frais du roi, sur les grandes routes, se reconnaissaient par l'empreinte d'une fleur de lis, de dix arbres en dix arbres. (*Traité de la législation des travaux publics et de la voirie en France,* par *M. Armand Husson.*)

Jusqu'ici , il n'a pas encore été question de chemins vicinaux ; c'est dans un arrêt du conseil du 8 juillet 1670 que l'on s'en occupa , je crois, pour la première fois ; en voici un extrait : « Tous les grands chemins » royaux de la province de Normandie, auront au moins 24 pieds » de passage libre, sans que la dite largeur puisse être occupée par » *des haies ou fossés ou arbres*, et s'il s'en trouve présentement sur » l'étendue d'iceux, ils seront coupés et arrachés dans la huitaine qui » suivra la promulgation du présent arrêt, par les propriétaires et à » leurs dépens. Il est défendu à tout riverain d'en planter aucun le » long des grands chemins, à moins de six pieds de distance du bord.

» Ordonne, en outre, que tous les dits chemins et *ceux de traverse*, » seront incessamment réparés avec des cailloux , graviers ou fascines, » aux frais et dépens des propriétaires des terres des paroisses où se » trouveront ces mêmes chemins. »

C'est bien là ce que disent en d'autres termes , l'article 2, titre 1. section 6 , de la loi du 6 octobre 1791 ; l'article 6, titre 2, du décret du 4 thermidor an X , et enfin les articles 1er des lois des 28 juillet 1824 et 21 mai 1836.

On remarque facilement que , dans les courts intervalles , pendant lesquels la France n'avait de guerre à soutenir ni au-dedans ni au-dehors , plus la civilisation faisait de progrès , plus on se préoccupait de l'amélioration des voies de communication trop longtemps négligées. Les arrêts et ordonnances qui prescrivent les mesures propres à donner les moyens d'obtenir ces résultats , indiqueraient presque les dates ; c'est toujours, en effet , un moment de repos , après les longues crises dont eut tant à souffrir notre malheureux pays ; c'est la convalescence après la maladie.

La premier édit que nous avons rapporté est de 1579 ; le second de 1583. Tous les deux furent rendus pendant les quelques années de la paix que firent cesser les intrigues de Philippe II , roi d'Espagne ; le troisième est de 1607, trois ans avant la mort de Henri IV , après le traité de Vervins.

Le quatrième est de 1670 , sous le ministère de Colbert ; on venait de signer, il y avait deux ans à peine , le traité d'Aix-la-Chapelle. Le cinquième que je vais rapporter, est de 1683, après le traité de Nimègue.

Nous arrivons à d'immenses résultats comparativement à ce qui avait été déjà fait : on avait marché à pas de géant pendant vingt-cinq ans. Sous tous les rapports, cette période du règne de Louis XIV, forme à elle seule presque un siècle entier, tant elle fut féconde en résultats. On pensa à tout. Un grand homme avait voulu donner au commerce intérieur des moyens de développement en harmonie avec ce qui se faisait alors, et les chemins, ces sources de prospérité et de bien-être pour tout le monde, ne furent pas négligés ; on s'en occupa au contraire d'une manière très active, et comme toujours, ils marchèrent de pair avec le siècle.

En effet, lisons : Ordonnance du 17 mai 1686.

« Dans tous les chemins allant de province en province et de ville » en ville, il sera laissé une largeur de 45 pieds, et dans ceux allant » *des bourgs et villages aux villes, cette largeur sera de 30 pieds.*

» Dans quinze jours, les propriétaires des terres voisines adjacentes, » seront tenus, à peine de cent livres d'amende, de se retirer chacun » en droit soi, afin de laisser aux dits chemins les largeurs sus-men-» tionnées. Toutes les haies, arbres, etc., qui se trouveront dans le » dit espace, seront arrachés et coupés. Il est défendu d'en planter » de nouveaux qu'à six pieds près du bord des dits chemins, de ne » plus les creuser ni d'y plus jeter de pierres ; chacun, en droit soi, » aplanira toutes les buttes, fera les fossés pour l'écoulement des eaux, » qui seront curés tous les ans au 1er octobre. »

On ne voit plus nulle part jusqu'à nos jours, de fixation pour la largeur des chemins que l'on peut appeler vicinaux, car on remarquera que c'est seulement ici que l'on commence à s'expliquer sur cette classe de chemins ; en effet, les chemins *des bourgs et villages aux villes,* ne peuvent être considérés que comme tels.

La loi du 9 ventôse an XIII, en porte le maximum à 6^{m}00 et, dans ce cas là, elle est loin d'offrir à la circulation les mêmes facilités que l'ordonnance de 1686 ; il semblerait que les dates soient déplacées. J'ai réellement peine à comprendre comment on a pu adopter une mesure aussi peu compatible avec les besoins que l'on éprouvait de plus en plus d'avoir des communications commodes et faciles de parcours.

Je ferai remarquer, en passant, que la loi du 21 mai 1836, elle-même, ne fait rien de plus que cette ordonnance, quant aux largeurs à donner aux chemins ; mais elle est infiniment préférable sous beaucoup d'autres rapports, en ce que les dispositions qu'elle renferme se trouvent plus en harmonie avec les idées de notre époque. Avec quelques modifications indispensables, ce serait une œuvre d'une immense portée.

Puisque j'en suis à comparer l'ancienne législation avec la nouvelle, je signalerai une omission que j'ai remarquée dans quelques réglemens faits en exécution de la loi du 21 mai 1836. Il s'agit cependant d'une chose fort importante, surtout pour les chemins vicinaux ordinaires.

Ces chemins, en effet, ne se trouvant presque jamais au-dessus des terrains adjacens, sauf le cas où l'on exécute des remblais, ce qui est fort rare, si les eaux n'ont pas un écoulement facile à travers ces terrains, elles restent stagnantes, entretiennent les chaussées dans un état continuel d'humidité et empêchent l'agrégation des matériaux, ce qui détermine d'abord des frayés et ensuite des ornières de plus en plus profondes.

Une ordonnance du 28 mai 1714 porte entre autres choses « ... que » les propriétaires riverains seront obligés de faire tous les dégorge- » mens nécessaires à travers leurs héritages, pour recevoir les vidanges » des fossés bordant les chemins, de manière que l'eau puisse y avoir » son cours libre, *à peine de cent livres d'amende et de voir des* » *ouvriers placés d'office, à leurs frais, pour l'exécution de ce* » *travail.* » Les ordonnances du bureau des finances de la généra-lité de Paris, des 3 février 1741, 22 juin 1751, 29 mars 1754, 30 avril 1772 et 17 juillet 1781, que je ne suppose pas abrogées, ont fait également défense aux propriétaires *dont les héritages sont plus bas que les chemins et en reçoivent les eaux*, d'en interrompre le cours, soit par l'exhaussement, soit par la clôture de leur terrain, sauf à eux à construire des aqueducs ou fossés propres à les débarrasser des eaux, conformément aux dimensions qui auront été déterminées.

La jurisprudence actuelle *donne bien* à l'administration le droit de faire exécuter les dispositions de ces diverses ordonnances , puisqu'un arrêt du conseil d'Etat du 26 juin 1822 a décidé que le préfet était compétent pour prescrire à un particulier d'entretenir sur son terrain une rigole de dégorgement pour l'assainissement d'un chemin vicinal , par le seul motif qu'il était compétent pour ordonner les travaux à faire sur le chemin ; mais ce droit devrait être écrit dans les réglemens spéciaux, afin qu'il pût être connu de tous les administrateurs et que l'*idée vînt* de l'appliquer à l'occasion.

L'arrêt du 3 mai 1720 et l'instruction y annexée ne font que rappeler ce qui avait été prescrit par les lois et les édits précités, et jusqu'en 1746, les voies de communication en général, subirent peu d'amélioration , encore bien que l'état déplorable dans lequel elles se trouvaient, eût déterminé les intendans, en 1726, à exiger des communautés qu'ils administraient, quelques journées pour réparer les chemins et en construire de nouveaux, et qu'en 1737 on eût établi la corvée dite *royale*, par une instruction générale adressée aux intendans ; mais, après la création du corps royal des ponts et chaussées, qui date de cette époque, un mieux sensible fut bientôt remarqué, encore bien que l'on ne fît que tâtonner tout d'abord.

Les routes importantes, grands chemins ou chemins royaux furent réparés avec beaucoup plus de soin ; mais les chemins vicinaux furent négligés jusqu'en 1791, époque où furent adoptées des mesures spéciales, sages et énergiques. On comprit mieux que jamais l'importance de débouchés faciles pour les produits de toute nature, de communications indispensables à l'agriculture et au commerce intérieur.

La loi du 6 octobre de cette année, chargea les administrations centrales de la conservation et de l'amélioration des chemins reconnus nécessaires pour chaque localité ; on y lit, titre Ier, section VI, art. II et III :

« Les chemins reconnus par le directoire du district, pour être
» nécessaires à la communication des paroisses, seront rendus prati-
» cables et entretenus aux dépens des communautés, sur le territoire
» desquelles ils sont établis ; il pourra y avoir à cet effet une imposition
» au marc la livre de la contribution foncière.

» *Sur la réclamation d'une des communes ou sur celles des par-*
» *ticuliers, le directoire du département, après avoir pris l'avis du*
» *district, ordonnera l'amélioration d'un mauvais chemin, afin que*
» *la communication ne soit interrompue dans aucune saison, et il*
» *en déterminera la largeur.* »

C'est là une mesure sage et de toute justice, que l'on devrait appliquer à toutes les communes qui croient avoir rempli leurs obligations
envers le pays, quand elles ont fait les chemins qui les intéressent
exclusivement. Il n'y a cependant rien de moins en harmonie avec tout
ce qui se fait autour de nous, rien de plus contraire à l'intérêt général.

L'article 6 de la loi du 21 mai 1836 a bien donné les moyens de faire
justice de la prétention de certaines communes à ne s'occuper que
d'elles seules ; mais les préfets usent trop rarement de leur droit à cet
égard, et souvent l'intérêt général reste en souffrance.

Il semble résulter de l'arrêté du directoire du 23 messidor an V,
que l'on abusa de la loi du 6 octobre 1791 ; car il porte que... « l'administration centrale de chaque département dressera un état général,
par arrondissement, de tous les chemins vicinaux, *constatera l'utilité*
de chacun, désignera ceux qui, à raison de leur utilité, devront
être conservés, et prononcera la suppression de ceux qui seront
reconnus inutiles, afin qu'ils soient rendus à l'agriculture. »

On pourrait conclure de là que l'on s'était plaint du trop grand
nombre de chemins qui d'abord avaient paru nécessaires.

L'un des considérans de cet arrêté est très remarquable, en ce qu'il
donne une idée bien nette du pouvoir que le législateur avait jugé
nécessaire de confier à l'administration centrale de chaque département. Je crois devoir le rapporter en entier, pour prouver que, même
avant la promulgation de la loi du 21 mai 1836, les préfets avaient
une autorité beaucoup plus grande qu'on ne l'a pensé dans quelques
parties de la France où, encore aujourd'hui, on dénierait volontiers à
ces magistrats, le droit de fixer la largeur des chemins, de prescrire
les mesures qui leur paraissent offrir le plus d'avantages, sous tous les
rapports, où enfin chacun se croit appelé à donner son avis et même
à apposer son *veto*, si tel est son bon plaisir.

Voici le considérant dont il s'agit :

« Le directoire, etc., considérant que *c'est aux administrations*
» *centrales* à faire entretenir les chemins vicinaux *utiles* et *à détermi-*
» *ner leur largeur*, afin d'obvier au double inconvénient d'empiète-
» mens trop considérables sur les terrains susceptibles de culture, ou
» *du refus de faire le sacrifice des terrains destinés aux relations*
» *indispensables de commune à commune, etc.* »

On peut remarquer qu'il s'agit seulement de chemins *vicinaux reconnus utiles par l'administration centrale*, ce qui réduit à néant la
prétention de certains conseillers municipaux de régler *eux seuls* l'emploi des ressources applicables aux chemins vicinaux, sans exception,
quel que soit d'ailleurs le degré d'utilité de ces chemins au point de
vue de l'intérêt général.

La loi du 28 pluviose, an VIII, sans régler précisément les détails
intimes de la question, fournit cependant des indications précieuses,
en déterminant quels seront les juges qui devront connaître de telle ou
telle affaire. Ce qui a rapport à la voirie vicinale est toujours maintenu
dans les attributions de l'administration centrale ; mais on adjoint aux
préfets un conseil éclairé ; on précise nettement les formes à suivre
pour les diverses contestations qui peuvent s'élever à l'occasion des
travaux et de tout ce qui s'y rapporte. Mais tous ces actes fort importans, toutefois, ne constituent encore qu'un acheminement au bien.

En effet, quoique les formalités judiciaires toujours fort longues,
ne pûssent plus entraver la marche du service en ce qui concernait
les travaux des chemins vicinaux, il restait encore une foule de difficultés à aplanir, et peu d'administrateurs se trouvèrent assez franche-
ment secondés pour pouvoir compter sur des résultats possibles, quelquefois faciles.

Il ne faut pas perdre de vue, d'ailleurs, que l'état dans lequel se
trouvait alors la France, ne permettait guère de songer aux chemins
dont cependant tout le monde reconnaissait l'importance. On ne peut,
en effet, s'occuper des travaux de cette nature qu'en temps de paix,
quand on ne manque ni de bras ni d'argent, et telle n'était pas notre
position au moment où l'ennemi était aux frontières et la guerre civile
au cœur du pays. — On faisait des lois, mais on ne se conformait

pas, on ne pouvait pas se conformer aux dispositions qu'elles renfermaient.

L'arrêté des conseils du 4 thermidor an X, décida que les communes seules subviendraient aux dépenses de toute nature, nécessaires pour la mise en état de viabilité des chemins vicinaux, mais qu'elles ne pourraient faire ces dépenses *que suivant le mode approuvé par l'administration centrale.*

Que diront de cette disposition si précise, ceux qui prétendent qu'il y a de l'arbitraire à vouloir s'opposer au gaspillage des ressources vicinales? Qui qualifient d'illégales, de vexatoires les sages mesures que prescrivent les préfets pour tirer tout le parti possible des ressources mises à la disposition des communes, en vue de répondre aux besoins généraux? Qui considèrent comme un manque de confiance le contrôle des agens de l'administration centrale? Diront-ils que c'est une innovation? Auront-ils la bonne foi de reconnaître que depuis fort longtemps déjà, les abus qui se commettent encore de nos jours, en ce qui concerne les chemins vicinaux, ont révolté les hommes consciencieux qui n'ont eu en vue que le bien-être des populations? Se croiront-ils en état de suspicion auprès de l'administration, parce qu'elle aura voulu régler d'une manière uniforme l'emploi des sommes considérables qui, tant de fois, ont été appliquées à des travaux entièrement étrangers aux chemins? Signaleront-ils à la vindicte publique, l'honnête homme qui aura voulu l'exécution pleine et entière de la loi?

Je me passionne trop peut-être, mais j'ai l'espoir que l'on me pardonnera; car l'on reconnaîtra par ce que je dis, que j'ai été aux prises avec de sérieuses difficultés, et que je conserve de la lutte, le sentiment pénible que tout le bien possible n'a pas été fait et qu'il ne pourra l'être de longtemps, eu égard au combat incessant de l'égoïsme avec l'intérêt général.

La loi du 9 ventôse an XIII confirma tout ce qui avait été fait précédemment et ordonna, en outre, de rechercher les anciennes limites des chemins vicinaux dans chaque département, pour les rendre à leur ancienne largeur, en fixant, toutefois, le maximum à 6m 00.

L'article 6 de la même loi porte que l'on ne doit faire *aucun changement aux chemins qui excèdent cette dimension ;* d'où l'on peut conclure *que les chemins actuels, quelle que soit d'ailleurs la largeur fixée par l'arrêté de classement, n'en sont pas moins voies publiques sur toute leur étendue, et que ceux qui sont vicinaux de temps immémorial sont essentiellement imprescriptibles dans toutes leurs parties, encore bien que l'administration centrale ait décidé que l'on n'exécutera de travaux, à l'effet de les rendre viables, que sur une certaine longueur.*

C'est au moins ce qui a été décidé pour les rues et places publiques, par un arrêt de la cour de cassation du 21 mai 1838, qui porte « *que* » *les terrains laissés par les riverains le long des rues ou places* » *publiques, en construisant leurs murs ou leurs bâtimens, dépen-* » *dent de ces rues ou places publiques, et que, par suite, ces terrains* » *se trouvant imprescriptibles, comme dépendant de la voie publi-* » *que, ne sont pas susceptibles d'une possession pouvant donner lieu* » *à complainte.* »

C'est aussi l'opinion de M. Troplong qui, à l'occasion de l'imprescriptibilité des voies publiques, s'exprime ainsi : « La prescription » du possesseur ne peut commencer que lorsque le chemin a perdu » son caractère de chose publique. Tant que ce caractère n'est pas » effacé, la prescription est impossible. Or, un jour, un an, plusieurs » années même d'usurpation sur la propriété publique, et de silence » par les intéressés, sont insuffisans pour opérer cette transformation; » elle ne résulte que d'un long abandon. »

C'est-à-dire que pour devenir susceptible de prescription, *après trente années de possession*, il faudrait qu'un chemin eût entièrement cessé d'être fréquenté au moment où la possession a commencé. Or, cette condition est presque toujours impossible ; c'est donc un frein à l'ardeur qu'apportent généralement les riverains à augmenter leur propriété aux dépens des chemins. Pour nous, il résulte de là la conviction intime qu'un chemin, quel que soit son caractère, quel que soit le degré d'importance qu'on lui attribue, est imprescriptible dans toutes ses parties, tant qu'il est fréquenté par le public.

La loi du 9 ventôse an XIII fut promulguée dans des circonstances qui ne permirent pas d'en appliquer toutes les dispositions; aussi ne peut-elle être considérée que comme un point dans l'espace, comme un jalon indicateur qui sert à constater les progrès de la civilisation, les besoins des populations de nos campagnes. Mais si le gouvernement se trouvait obligé de satisfaire, sous ces rapports, à l'impatience qui commençait à se manifester, il était à-peu-près impossible que l'on s'occupât sérieusement des chemins à une époque où nous avions tant d'affaires sérieuses sur les bras.

La loi du 28 juillet 1824 fut votée dans un moment essentiellement plus favorable à l'application des dispositions qu'elle renferme. Elle marque encore un nouveau pas fait dans la voie des améliorations nombreuses que nous devons au progrès du XIX⁰ siècle.

Cette loi fournit les moyens de tirer un excellent parti de la bonne volonté des maires qui savaient apprécier l'importance de leurs fonctions. Quoique je fusse encore très-jeune à l'époque où elle fut promulguée, je me rappelle que le maire d'une commune où j'allais quelquefois, profita si bien des ressources que cette loi mit à sa disposition, que, de 1824 à 1828, il fit construire 5 kilomètres de chaussée neuve sur les deux chemins qu'il avait considérés comme les plus importans de la localité.

Ce fonctionnaire avait très bien compris l'esprit de la loi dont nous nous occupons, et il eut assez d'énergie pour résister à l'immense majorité de ses administrés qui, alors, voulaient agir comme on le fait encore aujourd'hui : gaspiller les ressources vicinales sans discernement, sans comprendre dans quel but la loi les a créées.

Il lutta avec succès jusqu'en 1836, et un magistrat fort recommandable ne put s'empêcher de lui dire à l'occasion de la loi du 21 mai : « Vous aviez pressenti cette loi ; car vous agissez depuis dix ans » comme si elle eut été promulguée. »

Ce maire, sans prétention, est mort en laissant de vifs regrets, et cependant il avait lutté sans cesse avec son conseil municipal dont les membres voulaient tous les ans se partager le gâteau vicinal, sans pouvoir en obtenir la plus petite miette. « Pensons à l'intérêt général » d'abord, leur disait le maire, nous nous occuperons de nous » ensuite. » Et tant d'autres disent aujourd'hui : « pour nous d'abord, » ensuite pour nous, et toujours pour nous, à l'exclusion de nos » voisins. »

La loi de 1824 eut donc quelques résultats, qui furent dus principalement à l'intelligence, à la bonne volonté et à l'énergie de certains
maires. Dans plusieurs départemens, les préfets firent tout ce qui
dépendit d'eux ; mais peu essayèrent de lutter sérieusement quand ils
rencontrèrent des obstacles considérés d'abord comme insurmontables,
bien qu'il n'en fût rien, ainsi qu'une expérience de huit années l'a
victorieusement démontré.

Il eût fallu à ces magistrats, en effet, un grand désir de bien faire,
une volonté très ferme pour mener à bien, une entreprise à propos de
laquelle surgissaient des obstacles à chaque pas, non seulement de la
part des autorités municipales, mais encore de celle des employés de
préfecture et de sous-préfecture, pour qui ce travail était un surcroît
de besogne fatigante, à laquelle ils ne se livraient qu'avec répugnance.
Le sous-préfet de Valognes, arrondissement dans lequel je me
trouvais en 1838, au moment de la révision du classement dans le
département de la Manche, avait si bien compris les difficultés et
l'importance de cette opération, qu'il s'en occupa lui même, assisté
de l'agent-voyer chargé du service ; le préfet en avait fait autant
pour l'arrondissement chef-lieu. Aussi, le classement des chemins
vicinaux ordinaires dans ce département, a été fait d'une manière fort
convenable, et aujourd'hui, on recueille les fruits de cette mesure,
sans rencontrer le moindre obstacle ; dans cinq ou six ans, ce département pourrait être sillonné de communications vicinales admirables (1).

On voit par les difficultés que nous venons de signaler, que la
meilleure volonté se trouvait paralysée presque partout, et qu'il
n'était guère possible d'obtenir des résultats satisfaisants.

L'application de la loi du 21 mai 1836 a bien rencontré une partie
des mêmes obstacles, mais il y avait alors plus d'élan. Il y eut des
préfets zélés qui entrèrent jusque dans les moindres détails, rempli-

---

(1) On nous a assuré que, dans l'arrondissement de Mortain, où se trouvait
alors le sous-préfet actuel de l'arrondissement de Cherbourg, le classement des
chemins vicinaux ordinaires a été fait d'une manière fort remarquable. Nous le
croyons sans peine : l'administrateur qui s'en trouvait chargé, est un homme d'une
haute capacité et qui a fait une étude spéciale de la question des chemins.

rent pour ainsi dire les fonctions d'agent-voyer chef, et rendirent ainsi de très grands services (1).

Le gouvernement fit publier des statistiques, des rapports où chacun était traité suivant le bien qu'il avait fait ou voulu faire. Il résulta de là une émulation louable ; et puis, d'ailleurs, il y avait chez beaucoup de préfets un véritable désir de bien faire. Plusieurs d'entre eux avaient compris les besoins de l'époque, de sorte qu'à quelques exceptions près, tout marcha, mais lentement, mais en luttant sans cesse contre les exigences de l'intérêt particulier.

C'est parce que cette lutte tend à se perpétuer que je me suis décidé à publier cet *Essai*, dans le but, comme je l'ai déjà dit, d'aplanir les difficultés qui peuvent encore se présenter ; mais à cela seulement ne se bornera pas ma tâche : je dirai aussi ce que je pense des travaux exécutés et des méthodes suivies jusqu'ici, et que l'expérience a permis de juger. J'ai rappelé les actes de l'ancienne législation spécialement applicables aux chemins, et j'ai remarqué que presque toutes les dispositions de ces actes ont servi de base à la loi du 21 mai 1836. Aussi, cette loi seule commentée et expliquée par l'instruction du 24 juin suivant et par les divers arrêts tant du Conseil d'Etat que de la Cour de cassation, est-elle aujourd'hui pour nous un code vicinal complet. L'examen des principales dispositions qu'elle renferme, fera l'objet du chapitre II de la première partie de mon *Essai*.

---

(1) J'en ai connu un qui a parcouru à trois ou quatre reprises différentes, dans l'espace de six ans, tous les chemins importans du département qu'il administrait. Jamais une seule question sérieuse n'a été décidée sans qu'il ait agi en parfaite connaissance de cause.

CHAPITRE II.

Examen des principales dispositions de la loi du 21 mai 1836, combinées avec l'instruction du 24 juin suivant, et les divers arrêts tant du Conseil d'Etat que de la Cour de cassation, relatifs à la voirie vicinale, intervenus depuis la promulgation de cette loi.

ART. 1er.

L'art. 1er de la loi, ne faisant que consacrer un principe établi depuis fort longtemps, nous ne nous en occuperons que sous le rapport de l'opportunité du classement, comme vicinaux, d'un grand nombre de chemins dans chaque commune, et de la nécessité de coordonner cette opération de manière à ce qu'une ligne importante ne fût pas alternativement vicinale, sur une certaine longueur, et rurale sur l'autre.

Dans quelques départemens, on a peu compris le véritable sens, la portée réelle de la loi du 21 mai 1836 ; dans d'autres, on ne s'en est pas occupé le moins du monde : nous en trouvons la preuve dans la circulaire ministérielle du 20 juillet dernier.

Dans les premiers, on a éprouvé et on éprouvera longtemps encore, de grandes difficultés avant de parvenir à rendre, à l'état de viabilité, les chemins réellement nécessaires, par la raison que le classement a été fait conformément aux propositions des conseils municipaux dont chaque membre a voulu avoir un chemin non seulement pour lui, mais aussi pour son frère, ou pour son ami. On a agi sans chercher à se rendre compte du degré d'importance des chemins dont on demandait le classement ; on n'a pas réfléchi qu'on s'interdisait ainsi, jusqu'à un certain point, le droit de réglementer ce qui avait rapport à cet objet. On a même souvent isolé chaque commune, en ne classant que les parties du chemin qui lui étaient exclusivement nécessaires, sans s'occuper de ces mêmes chemins ni en deça ni au-delà, de sorte que des lignes importantes se sont trouvées classées à chaque extrémité, sans l'être dans la partie du milieu, et *vice versâ*; et que d'autres, ayant deux directions, quelquefois assez éloignées, l'une s'est trouvée classée sur le territoire d'une des communes intéressées, la seconde sur celui des autres, ce qui a donné lieu à une foule de prétentions plus ou moins absurdes, parce que chaque localité voulait conserver le tronçon qui avait été classé sur son territoire.

Un classement raisonné eût obvié à bien des inconvéniens, la tâche de l'administration centrale fût devenue très facile et les ressources vicinales auraient pu être utilement employées, tandis qu'elles ont été le plus souvent gaspillées d'une manière déplorable, sans qu'il ait été possible d'obtenir les moindres résultats.

On a généralement senti qu'un tel état de choses était contraire aux intérêts bien entendus des communes, et quelques préfets ont fait réviser le classement des chemins, en ne conservant, comme vicinaux, que ceux qui étaient réellement importans. Les conseils municipaux ont toujours été consultés ainsi que le prescrit la loi; mais on n'a jamais tenu compte des intérêts exclusifs de hameau ou même de clocher; on n'a jamais hésité à prononcer contrairement à des vœux qui n'avaient que l'intérêt particulier, pour objet.

On a comparé les ressources aux besoins, et, sauf quelques rares exceptions, le résultat de la comparaison a servi de base au classement. Par suite, l'emploi des ressources que les administrations locales ne tentaient que trop souvent à éparpiller, s'est trouvé concentré dans chaque commune, sur une, deux ou trois lignes, tout au plus; ce dernier nombre n'a été même admis que dans quelques communes étendues et dont les moyens d'action présentaient une certaine importance.

Cette mesure n'a pas tardé à être proclamée sage par ceux là mêmes qui, d'abord, avaient fait entendre les plus violentes protestations; car on a compris que c'était le seul moyen d'arriver à avoir des chemins convenablement exécutés, et de pouvoir les entretenir.

Dans un certain nombre de départemens, au contraire, on a cru bien faire en classant un grand nombre de chemins, pour donner à l'autorité municipale, des moyens faciles de prévenir toute espèce d'anticipation de la part des riverains qui cèdent, trop souvent, à la tentation d'agrandir leurs propriétés, aux dépens de celles des communes dont les intérêts se trouvent généralement mal défendus.

Sous ce rapport, la mesure dont il s'agit a quelque chose de bon ; mais elle offre les inconvéniens que je viens de signaler, et ces inconvéniens la rendent préjudiciable aux intérêts mêmes que l'on a en vue de sauvegarder, en ce qu'ils gênent l'action de l'administration, et l'obligent à lutter continuellement contre l'égoïsme, sans pouvoir faire un pas dans la voie des améliorations, qu'elle ne soit harcelée par d'incessantes récriminations. Les meilleures intentions se trouvent ainsi paralysées ; le découragement s'empare des mieux disposés, les passions interviennent et tout va le moins bien possible.

Nous en arrivons tout naturellement à conclure qu'il eût été préférable de faire un classement rationnel, sans trop se préoccuper des protestations qu'eussent pu faire entendre certaines gens intéressés à la continuation du désordre.

Pendant une année, deux au plus, l'administration eût éprouvé de la résistance ; mais, aujourd'hui, toutes les difficultés seraient aplanies, et chaque commune aurait au moins deux ou trois chemins en parfait état de viabilité, tandis que dans le plus grand nombre, on en trouve à peine cent mètres dans un état convenable, quoiqu'il y ait déjà vingt années que l'on puisse disposer de ressources considérables pour cet objet.

Dans les départemens où le classement n'a pas encore été fait et pour lesquels le ministre a prescrit des mesures spéciales par sa circulaire du 20 juillet 1844, on pourra arriver très promptement à d'excellens résultats, par la raison qu'éclairés par tout ce qui se passe autour d'eux, et pénétrés de l'importance des mesures à prescrire, les préfets feront faire des classemens raisonnés, en rapport avec la masse des ressources dont pourra disposer chaque commune.

Je ne terminerai pas ce qui a trait à l'article 1er, sans entrer dans quelques détails sur les obligations qu'il impose aux communes.

Il résulte bien des dispositions qu'il renferme, que toutes les dépenses à faire, pour rendre à l'état de viabilité un chemin classé convenablement, sont obligatoires pour la commune sur le territoire de laquelle il est situé ; cependant, ce principe a été contesté. Voici à quelle occasion : un arrêté préfectoral avait déterminé la largeur d'un chemin vicinal, et, comme, pour donner à ce chemin la largeur fixée, il était devenu nécessaire de prendre, sur une propriété riveraine, une portion de terrain assez considérable et d'un prix fort élevé, le conseil municipal protesta contre l'occupation de ce terrain et l'affaire fut portée au Conseil d'Etat. Le droit du préfet fut maintenu, et une ordonnance royale du 30 décembre 1841 décida qu'*après qu'un arrêté préfectoral portant fixation de la largeur d'un chemin vicinal, a attribué définitivement au chemin partie d'une propriété riveraine, ni le maire, ni le préfet ne doivent consulter le conseil municipal sur la prise de possession de ce terrain.* C'est, comme on le voit, frapper d'une pierre deux coups, puisque l'on reconnaît que, conformément aux lois que nous avons rappelées, non seulement les préfets ont le droit de fixer la largeur d'un chemin vicinal, mais encore que les indemnités à payer pour l'élargissement dudit chemin, constituent une dépense obligatoire à la charge de la commune sur le territoire de laquelle il est situé.

J'ai cru utile de rapporter cette décision, afin de donner aux conseils municipaux la mesure du pouvoir de l'administration, en ce qui concerne les chemins vicinaux ; car il s'agit ici d'eux, conseillers municipaux, mis en présence du préfet et du maire ; mais, plus tard, quand nous examinerons la disposition de l'article 15, il s'agira plus spécialement des droits respectifs de l'administration et des propriétaires riverains.

ART. 4.

Je ne dirai rien des articles 2 et 3, mais je ferai une remarque à propos des deuxième et troisième paragraphes de l'article 4, conçus dans les termes suivans :

« 2e. La prestation pourra être acquittée en nature ou en argent, » au gré du contribuable. Toutes les fois que le prestataire n'aura pas

» opté dans le délai prescrit, la prestation sera de droit exigible en
» argent.

» 3°. La prestation non rachetée, pourra être convertie en tâches,
» d'après les bases et évaluations des travaux, préalablement fixées
» par le conseil municipal. »

D'abord, le droit illimité d'option accordé aux prestataires, offre
de graves inconvéniens et complique singulièrement les difficultés dans
la pratique.

En effet, il arrive souvent qu'à l'époque fixée pour faire les déclarations d'option, presque tous les contribuables optent pour la libération en nature, et cependant, quand vient le moment d'exécuter les
travaux, peu se présentent sur les ateliers.

Dans les communes où il se trouve des hommes d'énergie, qui comprennent leur mission, l'inconvénient qui pourrait résulter de ce fait,
a peu de gravité, parce que l'on a la sage précaution de mettre les
prestataires en demeure de se libérer en nature, dès les premiers beaux
jours de l'année, et il reste tout le temps nécessaire pour employer
utilement les fonds provenant des cotes devenues exigibles en argent.
Mais pour peu que l'on admette que le maire d'une commune soit
négligent, peu zélé, ou qu'il craigne de causer le moindre embarras
à ses administrés, les prestataires pourront bien n'être mis en demeure
de travailler, qu'à la fin de la belle saison, et s'ils refusent ou négligent
de le faire, il deviendra impossible d'employer utilement, dans l'année,
les ressources dont on pourra disposer.

J'ai dit qu'avec un homme d'énergie, on peut rendre moins graves les
inconvéniens résultant de la latitude illimitée laissée par la loi, aux
prestataires; mais il y en aurait encore de très grands, si, surtout,
il s'agissait de travaux importans.

Pour exécuter des terrassemens, par exemple, il faut, sur les ateliers,
un nombre d'ouvriers en rapport avec la difficulté du travail et surtout
avec la quantité et la force des voitures dont on peut disposer, et *vice
versâ*. Dans ce cas là, si l'on n'a pas de ressources en numéraire assez
considérables, ce qui arrive trop souvent, il est rigoureusement nécessaire de combiner ses moyens d'exécution, *tels qu'ils sont*, de
manière à en tirer tout le parti possible, c'est-à-dire, de requérir un

nombre suffisant de voitures et d'ouvriers terrassiers, pour n'éprouver aucune perte de temps.

Eh bien ! à moins de faire un travail exceptionnel qui intéresse tout le monde, ce qui est fort rare, il arrivera qu'un jour où l'on aura requis six terrassiers et quatre voitures, on aura trois voitures et un homme seulement pour les charger ; et une autre fois, on aura tous les terrassiers requis et pas une seule voiture. Il résultera de là une perte de temps considérable, de fausses manœuvres ruineuses ; et, en définitive, on aura épuisé les ressources dont on pouvait disposer, sans obtenir le moindre résultat. Pendant dix ans, le même fait peut se renouveler, et les chemins rester ainsi constamment impraticables.

Pour obvier à ces graves inconvéniens, la loi devrait être modifiée, sous ce rapport ; tout en respectant le droit d'option, il devrait être bien entendu que ceux qui, après avoir déclaré être dans l'intention d'acquitter leur cote en nature, refuseraient ou négligeraient de le faire, à l'époque fixée, seraient tenus de payer *un quart au moins en sus du montant de leur cote primitive.* (1)

Au moyen de cette nouvelle disposition à introduire dans la loi, disposition qui ne serait qu'équitable, on arriverait à connaître d'une manière exacte, la quotité et la nature des ressources dont on pourrait disposer chaque année, et on se trouverait ainsi à même de prendre toutes les mesures convenables pour obtenir des résultats satisfaisans.

Nous en avons fini avec le deuxième paragraphe ; mais il nous reste quelques mots à dire au sujet du troisième, dont la fausse interprétation donne lieu à de très grandes difficultés.

Les conseillers municipaux sont généralement les contribuables les plus imposés des communes ; plus, par conséquent, les tâches sont élevées, plus ils ont à faire ; aussi, ont-ils soin, le plus souvent, de fixer des bases et des évaluations telles que les journées de toute nature sont portées à la moitié, non de leur valeur réelle, mais de la valeur qui leur est donnée par le tarif du conseil général, laquelle se trouve déjà fort au dessous de celle des journées salariées. Si, donc, l'admi-

---

(1) C'est là le vœu émis par les conseils généraux dans beaucoup de départemens.

nistration n'exerçait pas une active surveillance sur la fixation des
bases de conversion, il en résulterait un grand déficit dans la somme
totale des ressources créées par la loi, en vue de donner les moyens
de réparer convenablement les chemins; car la prestation en nature
serait réellement illusoire.

Pour couper pied aux abus qui se produisent, à cet égard, il suffirait d'exiger que toutes les délibérations relatives à la conversion des
journées en tâches, fussent soumises à l'approbation de MM. les préfets :
ce serait une mesure fort sage qui produirait d'excellens résultats.

J'ai remarqué que les prestataires, en général, s'abusent étrangement
ou feignent de s'abuser sur l'étendue de leurs obligations, et sur la
nature des travaux que l'on est en droit de leur faire exécuter, en adop-
tant le système de conversion en tâches. De là proviennent principalement les difficultés sérieuses qui entravent la marche du service,
dans la plupart des départements; à cela surtout, il faut attribuer l'état déplorable dans lequel se trouvent encore aujourd'hui les
chemins vicinaux ordinaires, dans quelques parties de la France.

En effet, que peut-on faire dans une commune où l'on disposera bien
d'un très grand nombre de voitures, mais de peu de journées d'homme,
si l'on n'a pas en même temps, des ressources en numéraire suffisantes,
soit pour exécuter des terrassemens, soit pour ramasser ou extraire des
matériaux ? Si l'on tient à obtenir quelques résultats, il faut, de toute
nécessité, imposer aux cultivateurs l'obligation soit de fournir des
matériaux, à pied-d'œuvre, soit d'exécuter des terrassemens pour une
valeur égale au montant de chaque cote individuelle.

Je sais que l'on a prétendu que les journées de voiture doivent être
exclusivement employées à effectuer des transports *quelconques*, et
qu'ainsi un prestataire est légalement libéré, lorsqu'il a mis à la disposition de l'administration, soit des animaux, soit des charrettes, que
l'autorité municipale est seulement libre d'utiliser, selon leur destination
naturelle. Mais admettre d'une manière absolue, cette interprétation
de la loi, ce serait rendre la prestation tout à fait illusoire ; ce serait se
condamner, pour toujours, à l'impuissance de parvenir à rendre nos
chemins praticables; ce serait, en outre, consacrer un privilège en
faveur des riches cultivateurs qui pourraient ainsi ne faire qu'une

partie de leur prestation, tandis que le malheureux journalier la ferait en entier, ou en paierait intégralement la valeur.

Il est impossible que tel ait pu être le but de la loi ; j'en trouve la preuve, d'ailleurs, dans les paroles de M. le comte Molé, lors de la discussion de l'article 4 qui nous occupe : « Ce que nous voulons, » disait le noble pair, c'est que les chemins se fassent ; or, pour qu'ils » se fassent, les deux élémens sont nécessaires : la prestation en nature » et l'argent ; il faut que les deux modes de contribution pèsent égale- » ment sur tout le monde, et soient employés également et selon » l'opportunité, dans toutes les communes. Il faut enfin que la charge » soit la même pour tous et en raison de l'intérêt de chacun. » Or, si l'on veut que les chemins se fassent et que la charge soit la même pour tous, il n'est pas possible d'admettre la prétention dont je parlais tout à l'heure ; car alors, les chemins ne se feraient pas et les charges ne seraient pas les mêmes pour tous, puisqu'elles seraient légères pour les riches et accablantes pour les pauvres.

On est donc forcément amené à conclure qu'en convertissant en tâches, des journées de prestation en nature, on doit donner, à chaque prestataire, des travaux à exécuter pour le montant de sa cote ; et ces travaux *doivent être de même nature* que ceux qu'il est reconnu nécessaire de faire pour la réparation des chemins vicinaux.

Pour prouver combien je suis dans le vrai, à cet égard, je citerai textuellement une note de M. Vatout, le savant rapporteur à la chambre des députés, de la loi du 21 mai 1836 :

« La prestation en nature était jusqu'ici restée illusoire ; on l'a » rendue pratique. Sous l'impuissance des lois précédentes, les rede- » vables apparaissaient sur les chemins ou sur les ateliers de travail ; » ils y déposaient quelques pierres, causaient et s'en allaient. L'auto- » rité n'avait aucun moyen d'exiger ou de contrôler le travail, et les » chemins restaient impraticables. La conversion en tâches fera dispa- » raître ces inconvéniens. Cette conversion ne sera pas toujours obli- » gatoire ; on sent qu'il y a des soins, tels que la surveillance, l'ins- » pection des travailleurs, ou certains travaux, tels que ceux où il » faut un concours simultané de bras et d'efforts, qu'il serait impos- » sible de traduire en tâches ; c'est l'autorité qui en décidera, selon » les temps, les lieux et la nature des travaux.

» Les journées de chaque espèce seront d'abord appréciées en ar-
» gent, et la somme qui les représentera, servira, au besoin, à fixer
» la tâche de chacun. Elle sera évaluée d'après un tarif dressé dans
» chaque commune, *sous l'approbation du sous-préfet.*

» Ce tarif contiendra, comme il était dit dans la proposition de
» M. Humblot-Conté, à la chambre des pairs, l'estimation du mètre
» cube de pierre ou de sable ou autres matériaux rendus sur les divers
» chemins ; du mètre cube du cassage ou du répandage d'un mètre
» cube de pierre ; d'un mètre cube de terrassement, d'un mètre courant
» de fossés ou de tout autre ouvrage à exécuter, tels que empierrement,
» charrois, etc., alors le calcul sera bien simple. Supposons, en effet,
» qu'un habitant doive une journée pour lui, une pour son domestique,
» une pour sa charrette ; la journée d'homme étant évaluée à 1 franc
» 50 centimes, celle de la charrette à 3 francs, l'habitant devra en
» tout 6 francs. Eh bien ! on évaluera ce que ces 6 francs représentent,
» par exemple, en mètres courants de fossés, et si le mètre courant du
» fossé vaut 30 centimes, on en demandera 20 au redevable ; il sera
» tenu de les faire, dans un délai donné, à moins qu'il ne préfère se
» libérer en argent ; car la prestation est facultative, et, dans ce cas, on
» fait faire sa tâche par un ouvrier.

Puisqu'il est question de M. Humblot-Conté, je crois devoir rapporter un extrait du discours qu'il prononça à la chambre des pairs, à
l'occasion de la conversion en tâches, des journées de prestation en nature. « La contribution ou prestation en nature que doit un individu se
» trouve donc évaluée en argent ; l'on sait qu'il doit pour 3, ·4 ou 6
» francs de prestation ; *on lui donne alors du travail à exécuter*
» *pour* 3, 4 *ou* 6 *francs.* Lorsqu'il doit se transporter à une lieue, c'est-
» à-dire, lorsqu'il a une distance beaucoup plus longue à parcourir, on
» estime à un prix plus élevé le travail qu'il doit faire ; car il est clair
» que le temps nécessaire pour parcourir cette distance plus grande,
» fait partie du travail à exécuter. »

Sans être aussi absolu, je voudrais seulement que, dans le cas où le
nombre de voitures dont on pourrait disposer dans une commune
quelconque, serait trop considérable pour effectuer le transport des
matériaux qu'il serait possible de se procurer, on *permît* à chaque

cultivateur de transporter une quantité de ces matériaux, en rapport avec le montant de sa cote, et que, pour le reste, on l'*obligeât* à fournir, à pied-d'œuvre, deux ou trois mètres de ces mêmes matériaux, au prix accordé pour extraction ou ramassage, cassage, charge et transport. Je voudrais encore, dans le cas où le nombre de journées d'homme serait trop considérable, que les cultivateurs pûssent être astreints à fournir eux-mêmes, à pied-d'œuvre, une quantité de matériaux en rapport avec le montant de leur cote respective, ce qui permettrait d'employer les journées d'hommes restant disponibles, à exécuter les terrassements, et à épandre les matériaux.

En combinant ainsi les moyens d'exécution, on obtiendrait très promptement, d'excellents résultats.

Je n'ai pas besoin de dire que c'est dans ce sens que la loi me paraît devoir être interprétée : mes citations le prouvent assez. Ce que je désire, c'est de pouvoir convaincre de cette vérité, et les administrés et les administrateurs, afin que nous puissions atteindre le but vers lequel tendent tous nos efforts, sans perdre un temps précieux à discuter les droits et les devoirs des uns et des autres, quand il s'agit de l'exécution d'une mesure qui a l'intérêt général pour objet.

La prestation en nature est, sans contredit, une ressource importante, et si, jusqu'ici, elle a peu produit dans certains départements, il faut s'en prendre à l'incurie de la plupart des personnes chargées de la direction des travaux des communes ; car il y a eu de coupables négligences, des passe-droits révoltans. Au reste, quand on y réfléchit bien, on reconnaît qu'il ne pouvait guère en être autrement.

D'un côté, en effet, les contribuables, en général, n'ont jamais acquitté et n'acquittent encore, qu'avec la plus grande répugnance, cet impôt cependant très léger, et dont le produit est exclusivement employé dans leur intérêt. Ils considèrent, ainsi que le dit M. le ministre de l'intérieur dans sa circulaire du 19 novembre 1838, *la prestation en nature, comme une espèce de don gratuit, comme une contribution volontaire qu'ils peuvent acquitter à l'époque qui leur convient le mieux, qu'ils pourraient même se dispenser d'acquitter, si leurs travaux ou leurs occupations avaient à en souffrir ; mais tel n'est pas*, ajoute le ministre, *le caractère de la prestation en nature.*

« *Le travail que la loi permet de demander aux contribuables pour*
» *la réparation des chemins vicinaux, est une véritable contribution*
» *publique ; c'est une dette de l'habitant envers la commune, dette*
» *exigible, non pas à la volonté du prestataire, mais à la réquisition*
» *de l'autorité qui tient de l'article 21 de la loi du 21 mai 1836, le*
» *droit de fixer les époques auxquelles les prestations devront être*
» *faites.*

» *Sans doute, le préfet, investi de cette mission par la loi, doit*
» *fixer ces époques de manière à nuire le moins possible aux travaux*
» *de l'agriculture, et, par suite, à permettre, s'il y a lieu, aux*
» *prestataires d'effectuer leurs prestations aux moments où ils ont*
» *le plus de loisir ; mais il faut, en définitive, que la réparation des*
» *chemins vicinaux ne souffre pas des facilités accordées aux contri-*
» *buables ; il faut que les ressources attribuées à ces chemins par la*
» *loi, soient employées en temps utile ; c'est là un principe qui do-*
» *mine toute la question et qui ne doit pas être perdu de vue.* »

D'un autre côté, il faut convenir que MM. les maires n'ont généralement ni le temps, ni les notions nécessaires pour surveiller les travaux
des chemins. Ils se trouvent, d'ailleurs, dans une position difficile,
obligés qu'ils sont de composer incessamment avec l'intérêt particulier
pour ne pas s'exposer à de basses vengeances, pour ne pas se faire d'ennemis, de leurs parens, de voisins avec lesquels ils sont tous les
jours en rapport, soit pour une chose, soit pour une autre.

Nous avons vu des maires pleins de zèle, abandonnés au jour des
élections, même par leurs meilleurs amis, pour avoir voulu suivre, à
la lettre, les instructions qu'ils avaient reçues, relativement à l'amélioration des chemins.

Chez quelques-uns il y a apathie, indifférence ; chez un petit
nombre, on rencontre même de la mauvaise volonté ; mais j'avouerai
qu'en général, ces fonctionnaires ont le désir de bien faire ; malheureusement, leur bonne volonté se trouve trop souvent paralysée par les
causes que je viens d'indiquer.

On comprendra facilement quels résultats on pouvait obtenir avec de
semblables moyens d'action ; aussi, a-t-on généralement senti la nécessité
d'avoir, pour surveiller et diriger les travaux des chemins, des hommes

spéciaux, plutôt honnêtes, zélés, intelligens, que chargés de science; de ces hommes que ni la nature ni les difficultés de leurs fonctions ne puissent décourager; qui, malgré leur titre modeste et l'exiguité de leur traitement, apportent en général dans l'accomplissement de leurs devoirs, tant de bonne volonté et de dévouement.

Je sais que l'on sera encore longtemps sans pouvoir compter sur une réunion de tels hommes, dans tous les départements; mais, en les encourageant, en leur prêtant main forte quand leur cause sera juste, en leur prouvant, quelquefois, que l'on sait apprécier leur zèle, on arrivera à former un personnel en état de répondre à toutes les exigences du service.

Une surveillance active est rigoureusement nécessaire, si l'on veut réprimer les abus qui se produisent généralement dans toutes les communes, et faire employer utilement les ressources en nature souvent très considérables dont on peut disposer dans un grand nombre de départements. Aussi, MM. les préfets doivent-ils faire tous leurs efforts pour s'attacher des agents-voyers capables, énergiques, qui soient assez bien rétribués pour faire de fréquentes tournées dans les communes surtout au moment de l'exécution des travaux, afin de s'assurer de tout ce qui se fait, de pouvoir en rendre un compte exact, et provoquer les mesures jugées nécessaires pour obtenir tous les résultats possibles.

Il ne faut pas perdre de vue que c'est surtout un bon emploi de la prestation, qui amènera promptement l'amélioration des chemins vicinaux. Mais quoique ce soit une rude tâche que de vaincre les obstacles qui se présentent généralement, dans l'application des mesures dont l'expérience a démontré l'efficacité, on s'est exagéré les difficultés de la position. J'ai été à même de remarquer que, sous ce rapport, l'application de la loi n'a pas rencontré de résistance réellement hostile. Dans le département de la Manche, où j'ai été employé pendant six ans, sous les ordres de M. Mercier, aujourd'hui préfet de l'Oise, j'ai pu constater que, dès 1839, nous n'avions plus aucune différence à faire entre le travail salarié et celui des prestataires; souvent même nous avons plus obtenu du dernier que du premier.

Pour en arriver là, nous n'avons pas éprouvé, je le répète, de difficultés sérieuses, parce qu'en 1837, au moment de l'organisation du service dans ce département, il n'y avait pas encore de mauvaises habitudes contractées; parce que, chargés des chemins de grande communication, nous avions une très grande force; parce qu'enfin, nous avons pris le parti de donner, pour comptant, à chaque entrepreneur, la prestation en nature applicable aux travaux dont il était chargé.

ART. 6.

« Lorsqu'un chemin vicinal intéressera plusieurs communes, le
» préfet, sur l'avis des conseils municipaux, désignera les communes
» qui devront concourir à sa construction ou à son entretien, et
» fixera la proportion dans laquelle chacune d'elles y contribuera. »

Cet article a une très-grande importance, mais les conseils municipaux l'ont généralement mal appréciée. Ils n'ont pas compris que les préfets, armés, dans l'intérêt général, d'une très-grande force d'action, pouvaient s'en servir pour faire classer d'abord et rendre ensuite, à l'état de viabilité, des chemins importans pour le plus grand nombre, mais qui peuvent bien n'intéresser, que très-faiblement, une ou plusieurs communes sur le territoire desquelles ils se trouvent situés.

On a généralement cru qu'un refus de concours, qu'une délibération contraire à un projet de classement, pouvait empêcher l'action des préfets, et on a agi en conséquence. Quelquefois, malheureusement, l'intérêt général a été sacrifié à l'intérêt particulier; mais comme les décisions prises, en ce qui concerne cet objet si important, peuvent être rapportées, quand elles sont reconnues contraires à l'équité, on sera toujours à même de faire bonne et prompte justice des prétentions exclusives de certains conseils municipaux, de ces sentimens d'égoïsme local, si peu en harmonie avec nos idées de progrès. Quand on saura bien, surtout, que les préfets peuvent classer un chemin vicinal, sans l'avis ou contrairement à l'avis du conseil municipal de la commune sur le territoire de laquelle il est situé, on réfléchira avant d'opposer une résistance qui ne pourrait plus être qualifiée que de mauvaise volonté.

Une fois le chemin classé, reste la question de construction et d'entretien, qui soulève encore de sérieuses difficultés. Mais pour ce cas-là, comme pour le classement, la mauvaise volonté d'un conseil municipal ne peut être un obstacle au complément de la mesure réclamée soit dans un intérêt collectif, soit dans l'intérêt général.

En effet, l'article dont nous nous occupons, donne encore aux préfets le droit de déterminer la proportion dans laquelle les communes doivent concourir à la construction et à l'entretien d'un chemin qui est pour elles d'un intérêt collectif, et les arrêtés pris en vertu de cet article, après l'accomplissement des formalités prescrites, ne peuvent être déférés qu'au ministre de l'intérieur. (1)

Sans aucun doute, la commune de la situation du chemin, c'est-à-dire celle sur le territoire de laquelle le chemin est situé, doit concourir à son entretien, mais il est juste aussi d'y faire concourir dans une équitable proportion, toutes les communes intéressées.

Quand une commune prétend qu'elle ne doit pas supporter seule, la charge de la réparation d'un chemin situé sur son territoire, elle doit le faire connaître et désigner les communes qu'elle regarde comme devant concourir avec elle aux travaux de construction et d'entretien; les conseils municipaux sont alors appelés à délibérer, et quand le préfet a recueilli tous les renseignemens propres à bien éclairer la décision, il statue par un arrêté motivé sur le degré d'importance de chacune des communes à l'entretien des chemins litigieux.

Pour que cette disposition soit applicable à une commune, il ne suffit pas qu'elle se serve quelquefois d'un chemin situé sur le territoire d'une autre commune, il faut que ce chemin soit pour elle un moyen habituel et indispensable de communication. (Instruction ministérielle du 24 juin 1836.)

On entend par frais de construction d'un chemin, les dépenses de toute nature à faire pour l'amener à l'état de viabilité. Ainsi, s'il se trouve un pont à établir en travers d'un chemin d'un intérêt collectif, les communes intéressées devraient concourir à sa construction, en

---

(1) Ordonnances des 22 octobre 1840 et 4 mai 1843. (Annales des chemins vicinaux 1845, page 100.)

proportion de l'intérêt de chacune d'elles à la viabilité du chemin. — Arrêt du Conseil d'Etat du 2 juin 1843. - - La ville de Vendôme contre le ministre de l'intérieur. — Recueil de Lebon.

ART. 10.

« Les chemins vicinaux reconnus et maintenus comme tels, sont « imprescriptibles. »

Nous avons déjà eu occasion de dire (1) ce que nous pensions de l'imprescriptibilité des voies publiques quelles qu'elles soient, nous n'avons donc plus à nous occuper de l'article dont il s'agit sous ce rapport; mais il nous reste à indiquer quel est le mode de répression des contraventions qui peuvent être commises sur les chemins vicinaux.

Ces contraventions consistent, soit dans l'usurpation du sol des chemins, soit dans leur dégradation ; elles sont constatées par les maires, les adjoints, les agents-voyers et les gardes-champêtres.

Dans le premier cas, elles ne sont soumises à aucune prescription, (Conseil d'Etat, 4 septembre 1841), et elles sont réprimées par le conseil de préfecture qui ordonne la réintégration du sol et la démolition des constructions élevées sans autorisation, sur le terrain usurpé, (art. 8 de la loi du 9 ventôse an XIII), sans avoir égard à l'exception préjudicielle de propriété opposée par les contrevenans, (Cour de cassation, 5 décembre 1833 et 4 août 1836); il statue, sans délai, aussitôt qu'il a acquis la certitude que l'usurpation a eu lieu sur un chemin dont la largeur a été fixée, et qui se trouve compris aux états de classement, (arrêts du Conseil d'Etat des 19 août 1832 et 18 mai 1837).

Les arrêtés du conseil de préfecture sont exécutoires sans visa ni mandement des tribunaux, nonobstant et sauf tout recours. Ils produisent les mêmes effets et obtiennent les mêmes exécutions que les jugemens des tribunaux ordinaires, (Conseil d'Etat, 21 juin 1813, bulletin des lois).

Les dépenses qu'occasionne l'exécution desdits arrêtés, sont payées conformément au mode prescrit pour le recouvrement des contributions publiques, (circulaire ministérielle du 7 prairial an XIII).

---

(1) Page 15.

3

Aussitôt qu'il a été statué par le conseil de préfecture, le tribunal de simple police est saisi du procès-verbal, pour prononcer l'amende encourue ; mais cette action se prescrit, comme nous le reverrons ci-après, conformément aux dispositions de l'article 640 du code d'instruction criminelle, (Cour de cassation, 16 décembre 1842).

Si un tribunal de police se trouvait saisi de l'attribution réservée au conseil de préfecture, il y aurait lieu de revendiquer l'affaire pour l'autorité administrative ; mais comme le conflit ne peut être élevé devant la justice de paix, (arrêts du Conseil d'Etat des 4 avril et 23 juin 1837), il devrait être interjeté appel, devant le tribunal de première instance, du jugement prononcé par le tribunal de police, soit en premier, soit en dernier ressort (1).

ART. 14.

Les chemins vicinaux qui aboutissent aux chemins de fer en construction, se trouvent exposés à des dégradations extraordinaires, et si la charge de les maintenir en bon état, incombait aux communes seules, sur le territoire desquelles ils sont situés, le vote du maximum des ressources, généralement autorisé par les lois de finance, serait toujours insuffisant ; mais, par un arrêt du 9 janvier 1843, le Conseil d'Etat a décidé que les dispositions de l'article ci-dessus, étaient applicables à tous les entrepreneurs de travaux publics. Seulement, il ne faut pas oublier qu'une reconnaissance de l'état de viabilité des chemins qui peuvent être dégradés, doit être faite contradictoirement entre les parties intéressées, avant le commencement de l'exploitation, s'il s'agit d'une exploitation temporaire, et, au commencement de chaque année, s'il s'agit d'une exploitation permanente.

Il faut aussi, et c'est là la première condition exigée par la loi, que le chemin pour lequel une commune prétend avoir droit à une indemnité, par suite de dégradation extraordinaire, il faut, dis-je, que ce chemin soit vicinal et entretenu par la commune à l'état de viabilité. Il faut également que les experts appelés à procéder à l'appréciation du

---

(1) Arrêt du Conseil d'Etat du 7 décembre 1844, voir à l'article 17.

dommage, prêtent serment ; sans l'accomplissement de cette formalité, leur opération serait entachée de nullité. (Arrêt du Conseil d'État du 9 février 1843. Lebon, page 20). Les subventions ne sont imposées que pour les dégradations opérées. (Ordonnance du 25 août 1835).

Il m'a paru utile de faire connaître cette décision qui intéresse, à un si haut degré, toutes les communes voisines non seulement des chemins de fer, mais encore des grandes exploitations et des travaux importants qui s'exécutent aujourd'hui en France.

ART. 15.

Nous sommes arrivés au principal article, sans contredit, de la loi du 21 mai 1836. Cet article, en effet, a une très grande portée, et c'est à l'application des dispositions si précises qu'il renferme, que le pays devra l'immense bienfait d'être doté de moyens de communication facile, et l'agriculture, de pouvoir exporter ses produits plus économiquement et plus promptement, d'être généralement assurée de leur placement.

C'est aussi l'application des dispositions de cet article, qui a soulevé et soulève encore tant d'oppositions, qui a rencontré et rencontre tous les jours une résistance si persévérante, si aveugle, si ennemie du progrès, et cela parce que l'on a eu à lutter contre l'intérêt particulier, à toucher au sol auquel on est généralement si attaché en France.

Cependant, il y a avantage pour tous à ouvrir un chemin, et surtout pour ceux qui sont appelés à le fréquenter le plus souvent. D'un autre côté, le droit de l'administration est si bien défini, qu'il y a quelquefois lieu de s'étonner de rencontrer une opposition aussi vive, de la part de gens qui doivent parfaitement savoir à quoi s'en tenir.

En effet, il n'y a pas à se tromper sur des termes aussi précis que le sont ceux de cet article ainsi conçu :

« Les arrêtés du préfet portant reconnaissance et fixation de la
» largeur d'un chemin vicinal, attribuent définitivement au chemin le
» sol compris dans les limites qu'ils déterminent.

» Le droit des propriétaires riverains se résout en une indemnité,
» qui sera réglée à l'amiable, ou par le juge de paix du canton, sur le
» rapport d'experts nommés, conformément à l'article 17. »

Presque partout, les propriétaires riverains des chemins ont fermé les yeux à la lumière, sans vouloir se rendre compte des motifs qui ont guidé l'auteur de la loi que nous examinons.

Certaines gens ont prétendu et prétendent encore aujourd'hui, qu'il faut payer, préalablement à l'occupation, le terrain à prendre pour l'élargissement des chemins. — Ils n'ont pas réfléchi qu'il s'agit, le plus souvent, d'une affaire d'urgence, dans laquelle les plus intéressés à l'ouverture d'un chemin, sont généralement ceux qui doivent fournir les terrains à incorporer à ce chemin ; que s'ils ne consentent pas à faire gratuitement la cession de quelques mètres carrés de terrain, ils ne peuvent rien craindre, puisque, comme propriétaires dans la commune pour le compte de laquelle s'exécutent les travaux, ils sont par cela même, et, tout à la fois, créanciers et débiteurs ; ils n'ont pas compris qu'il faut remplir certaines formalités, avant d'être autorisé à effectuer un paiement quelconque, au nom de la commune ; qu'il faut, avant tout, voter des fonds, et que, si l'on attendait qu'ils fussent disponibles pour occuper le terrain nécessaire à l'élargissement des chemins, l'intérêt général serait souvent sacrifié pour un objet d'une minime importance, sans qu'il en résultât aucun avantage pour ceux qui croiraient devoir réclamer, puisqu'en définitive ils sont indemnisés de leur propriété. Cependant, bien avant la promulgation de la loi du 21 mai 1836, cette question avait été décidée dans le sens de l'article 15.

Nous trouvons, en effet, dans Macarel, tome 7, page 26, une ordonnance du 12 janvier 1825, rendue sur une requête d'une dame Capmas, et dans laquelle on lit : « en fixant la largeur d'un chemin » vicinal et en réservant à la dame Capmas le droit de réclamer une » indemnité, à raison du terrain qui pourrait lui être pris pour l'élar- » gissement dudit chemin, le préfet s'est renfermé dans ses attribu- » tions.

» En conséquence, la requête de la dame Capmas est rejetée, sauf » à elle, si elle s'y croit fondée, à se pourvoir devant les tribunaux, » soit pour faire statuer sur la question de propriété du terrain sur » lequel a été tracé le chemin vicinal, soit pour faire déterminer l'in- » demnité qui lui serait due à raison du terrain qui aurait été employé » à l'élargissement dudit chemin. »

Et dans le tome 10, page 147, le même auteur rapporte une autre décision bien digne des réflexions des plus incrédules. Voici ce dont il s'agissait : un sieur Lemoine avait été autorisé par le tribunal de Rambouillet, à continuer de disposer, à son gré, d'un terrain qu'il possédait lors de l'arrêté du préfet, qui avait compris ledit terrain dans les limites légales d'un chemin vicinal ; le conflit élevé, une ordonnance fut rendue en ces termes :

« Considérant que le tribunal civil de Rambouillet, qui était com-
» pétent pour statuer sur les droits réclamés par le sieur Lemoine à
» la propriété du terrain sur lequel est établi le chemin vicinal, ne
» l'était pas pour autoriser le sieur Lemoine à disposer dudit terrain.

» L'arrêté de conflit pris par le préfet est confirmé, en tant qu'il
» revendique pour l'administration, le droit de maintenir au nombre
» des chemins vicinaux de la commune de Saulx-Marchais, le chemin
» dit la sente du pressoir, sauf le droit du sieur Lemoine à une indem-
» nité pour le terrain dont il aurait été reconnu propriétaire, sur le
» réglement de laquelle, en cas de contestation, le sieur Lemoine est
» renvoyé devant lesdits tribunaux. »

Depuis, la Cour de cassation, par un arrêt du 8 juillet 1841, a décidé absolument la même chose ; nous en parlerons bientôt.

En 1836, avant la promulgation de la loi, une portion de terrain avait été prise sur la propriété d'un sieur Sourzac, *non pas pour un simple élargissement*, mais pour la totalité d'un chemin. Le propriétaire intenta action contre la commune, devant la Cour d'Orléans, qui le maintint dans la jouissance du terrain en question ; mais, pendant l'instance judiciaire, un arrêté du préfet déclara le chemin vicinal, et le conflit fut élevé. Voici un extrait de l'ordonnance royale rendue, le 7 juin de la même année, à la suite de ce débat :

« ..... Que l'effet de la déclaration de vicinalité par le préfet,
» était de mettre le public immédiatement en jouissance, et de ré-
» soudre tous les droits du propriétaire du sol, en un droit à l'in-
» demnité; que la Cour d'Orléans était compétente pour statuer sur
» la question de propriété et d'indemnité ; mais qu'en maintenant,
» sans aucune réserve, le sieur *Sourzac* dans la jouissance dudit che-
» min, ladite cour a porté atteinte à l'acte administratif qui en déclare
» la vicinalité.

» En conséquence, l'arrêté de conflit élevé par l'autorité adminis-
» trative est confirmé. » Macarel, tome 8, page 292. On trouve une
infinité de décisions analogues dans le même auteur, tome 9, page 50 ;
tome 10, page 468 ; tome 11, page 79, etc.

Je comprends que beaucoup de personnes s'occupant peu des lois,
aient pu ignorer ces choses, et se montrer par cela même tracassières,
non parce qu'il s'agit de quelques mètres carrés de terre, mais parce
que les affaires de cette nature, se rattachant au droit de propriété,
la question s'agrandit par la raison qu'elle porte, non plus sur une
simple valeur, mais sur la garantie de toutes les valeurs, sur le droit.
Ce que je comprends moins aisément, c'est l'opinion émise, dans
différentes occasions, par des hommes éclairés qui ne pouvaient
cependant pas ignorer le droit de l'administration, en ce qui concerne
les chemins vicinaux, surtout après avoir lu ce que dit le ministre de
l'intérieur, à propos de l'article qui nous occupe, dans son instruction
du 20 juin 1836, où il s'exprime ainsi :

« L'article 15 est spécialement applicable aux chemins existans,
» dont vous avez à déclarer la vicinalité et à fixer la largeur.

» Vous vous rappelez, monsieur le préfet, les dispositions de la loi
» du 9 ventôse an 13. Dès cette époque, le législateur avait senti la
» nécessité de faire rechercher les anciennes limites des chemins
» vicinaux, c'est-à-dire, d'autoriser l'administration à reprendre le
» sol qui appartenait aux chemins. Le législateur avait encore reconnu
» qu'il pouvait souvent être nécessaire d'augmenter la largeur des
» chemins existans ; l'administration reçut donc le droit d'augmenter
» au besoin la largeur des chemins jusqu'au maximum de six mêtres.
» De cette faculté, il résultait, implicitement sans doute, mais il
» en résultait bien évidemment que, dès que l'autorité compétente
» avait déclaré la nécessité de porter un chemin au-delà de ses
» limites, le sol qui se trouvait compris dans les limites nouvellement
» tracées était, de droit, incorporé au chemin, sauf une indemnité,
» si elle était exigée par le propriétaire.

» Cette jurisprudence, quoique fondée sur une interprétation toute
» rationnelle, fut pourtant lente à s'établir. Il resta longtemps des
» doutes, surtout pour un cas que la loi du 9 ventôse an 13 semblait

» n'avoir pas eu en vue ; c'était celui où il s'agissait de prendre, sur
» les propriétés riveraines, non plus seulement le terrain nécessaire
» à un simple élargissement, mais bien le sol même du chemin dans
» son intégrité, sol qui, par quelque circonstance, se trouvait être
» propriété privée. Depuis surtout que le principe de la nécessité
» d'une indemnité préalable avait été posé dans notre loi fondamentale,
» on regardait comme difficile de s'en écarter, même dans un intérêt
» grave, celui de la liberté des communications. Pendant quelque
» temps, on poussa même le respect pour ce principe jusqu'à surseoir
» aux déclarations de vicinalité, dans le cas où les droits de propriété
» étaient seulement contestés. Mais ce système était trop nuisible
» à l'intérêt public pour qu'il ne fût pas modifié, et depuis quelques
» années, il a été admis, comme jurisprudence, par l'autorité admi-
» nistrative et par l'autorité judiciaire, que la déclaration de vicinalité
» mettait le public en jouissance légale du chemin, sauf réglement
» ultérieur de l'indemnité, s'il y avait lieu. »

Dans une petite ville que j'ai habitée pendant quelques années,
tous les avocats attachés au barreau, publièrent, en décembre 1837,
une consultation sur la question de savoir si les propriétaires riverains
peuvent être contraints d'abandonner la possession de leur terrain,
avant d'en avoir reçu le prix que la loi appelle la juste et préalable
indemnité. Leur réponse se résumait dans le commentaire qu'ils firent
de l'article 15 de la loi, ainsi conçu : « Le droit du propriétaire se
» résout en une indemnité » *se résout*, c'est-à-dire, qu'au moment
» où par l'arrêté du préfet, le sol nécessaire à l'élargissement du che-
» min cesse d'être la propriété du riverain et devient propriété pu-
» blique, au même instant, l'indemnité est acquise, est due et doit
» être payée au propriétaire. C'est sous cette condition que l'invinla-
» bilité de la propriété, prescrite par l'article 8 de la charte, a cessé
» d'exister ; mais elle renaît, si elle n'est pas remplie. »

Cette consultation fut publiée, à l'occasion d'une action intentée
contre moi et contre une commune de l'arrondissement dont j'étais
chargé, par un propriétaire riverain auquel nous avions cru pouvoir
prendre le terrain nécessaire, pour donner à un chemin vicinal la
largeur fixée par l'arrêté du préfet.

Le tribunal admit les conclusions de la consultation et le conflit fut élevé; mais, à la date du 18 juillet 1838, intervint une décision conçue dans les termes suivans :

« Considérant que les travaux exécutés ont eu lieu en vertu des » ordres de l'administration et en exécution de l'arrêté du préfet qui » a fixé la largeur du chemin ; qu'il ne pouvait appartenir à l'autorité » judiciaire ni d'arrêter le cours des travaux, ni de porter atteinte » aux actes administratifs qui les avaient ordonnés ; que le proprié- » taire pouvait seulement, s'il s'y croyait fondé, se pourvoir en in- » demnité contre qui de droit, devant le juge de paix, avons ordonné » et ordonnons ce qui suit :

» Article 1er. L'arrêté de conflit est confirmé. »

Déjà, la Cour de cassation, par un arrêt du 7 du mois précédent, avait décidé cette question dans le même sens, et les 20 et 21 août suivant, elle confirma les mêmes faits.

Cependant, il resta des doutes sur l'étendue des droits et sur les obligations de l'administration à cet égard; car nous trouvons des or- donnances royales des 19 décembre 1839, 23 avril, 4 juillet et 18 dé- cembre 1840, 8 juillet et 6 septembre 1843, rendues sur des arrêtés de conflit pris par les préfets d'Indre-et-Loire, de Seine-et-Marne, du Nord, de la Manche et du Jura, à propos d'actions intentées contre les communes par des propriétaires riverains des chemins vicinaux.

Dans toutes ces décisions, le Conseil d'Etat est resté fidèle à ses pré- cédens.

La cour de cassation, elle-même, avait déjà considéré les choses sous le même point de vue, ainsi que nous le disions il n'y a qu'un instant; mais par un arrêt du 6 juillet 1841, elle alla encore plus loin, en décidant « qu'un riverain quelconque ne peut jamais être admis à » élever la question de propriété, au sujet d'un terrain quel qu'il soit, » une fois qu'un arrêté préfectoral l'a attribué définitivement au che- » min, en conséquence de l'article 15 de la loi du 21 mai 1836. »

Après qu'un tribunal a ordonné la suspension des travaux en cours d'exécution sur une propriété privée, pour l'élargissement d'un chemin, faute par la commune d'avoir produit l'arrêté de classement, si le préfet propose un déclinatoire où il avertit le tribunal de l'existence du classement, le tribunal doit rapporter son jugement; il doit même déclarer sans effet une ordonnance sur référé, qui a prononcé la suspension desdits travaux. (Arrêt du 6 juillet 1843).

Je terminerai ce qui a rapport à cet article en donnant, sans aucun commentaire, l'analyse de l'ordonnance royale précitée du 8 juillet 1843. (Le préfet du Jura contre Barbier).

« Dès qu'un arrêté du préfet a reconnu et fixé la largeur d'un » chemin vicinal, le sol compris dans les limites qu'il détermine est » définitivement attribué au chemin, et le droit des propriétaires rive- » rains dont les héritages sont attaqués, se résout en une indemnité.

» La prise de possession des parcelles nécessaires à l'élargissement » d'un chemin vicinal, peut avoir lieu sans indemnité préalable, et » même sans estimation de ces parcelles et constatation de leur état. »

« Les tribunaux ordinaires sont incompétens pour ordonner la » suspension provisoire, et jusqu'à fixation de l'indemnité, des » travaux d'élargissement d'un chemin vicinal, exécutés par un » entrepreneur, en vertu d'un traité passé avec l'administration » communale et approuvé par le préfet. »

Le fait qui avait donné lieu aux poursuites du sieur Barbier, consistait en ce que, conformément aux ordres d'un agent-voyer, l'adjudicataire des travaux à exécuter, près la maison du réclamant, s'était emparé d'une portion de terrain et même des abords de sa maison, au point que la porte de sa cour s'était trouvée obstruée de manière à en rendre l'accès très difficile, sinon impossible.

Enfin, pour ne laisser aucun doute dans l'esprit des propriétaires riverains des chemins, nous ajouterons que ceux d'entre eux qui s'opposeraient avec violence et voies de fait, aux travaux ayant pour objet l'élargissement d'un chemin vicinal, se rendent coupables du délit d'opposition par voies de fait, à l'exécution de travaux publics légalement autorisés, et peuvent être traduits en police correctionnelle, quoiqu'il soit bien reconnu qu'ils sont propriétaires du terrain que l'on incorpore ainsi à la voie publique, sans que l'indemnité ait été préalablement allouée. (Arrêt de la Cour de cassation du 2 février 1844. moniteur du 4 février même année).

Voici à quelle occasion, a été rendu cet arrêt :

Le maire de la commune de Mont-et-Narré, ayant fait procéder, en exécution d'un arrêté du préfet de la Nièvre, du 3 novembre 1840, à l'alignement d'un chemin vicinal de petite communication, les nommés Louvrier, Aubé, Brunet et Guignet frères, propriétaires des terrains qui se trouvaient compris dans l'alignement du chemin, se fondant sur ce que l'indemnité à laquelle ils avaient droit, ne leur avait pas été payée, s'opposèrent, *avec violence*, à la continuation des travaux, *et détruisirent ceux qui avaient été commencés.*

Procès-verbal de ces faits fut dressé par le maire, et les auteurs traduits devant le tribunal de simple police de Châtillon, en vertu du §. II. de l'art. 479 du code pénal, comme prévenus de dégradations faites à un chemin public.

Ce tribunal renvoya les inculpés des poursuites, par le motif qu'il résultait du procès-verbal même, dressé par le maire, que les défendeurs avaient déclaré qu'ils ne s'opposaient à ce que les travaux fûssent exécutés sur leur terrain, pour la confection du chemin, *qu'en raison de ce que l'indemnité qui pouvait leur revenir,* n'avait pas été fixée; qu'ainsi les défendeurs n'avaient fait qu'user de leur droit, en réclamant de M. le Maire de Mont-et-Narré, la fixation de l'indemnité qui pouvait leur revenir; que, de cette manière, il n'y avait ni délit ni contravention susceptible d'entraîner une condamnation.

Mais la Cour de cassation, dans l'intérêt de la loi, annula ce jugement, sur les conclusions de M. l'avocat général Dupin. Je ferai remarquer que la jurisprudence de la Cour est d'accord, sur ce point, avec celle du Conseil d'État, ainsi que le constate l'arrêt précité du 8 juillet 1843.

Toutefois, s'il résulte de tout ce qui précède que, du moment où un chemin est classé comme vicinal, avec une largeur déterminée par l'arrêté de classement, la commune est virtuellement et de plein droit, saisie de toute la propriété du sol attribué à ce chemin, et qu'il n'est pas nécessaire que la valeur de ce sol, si c'est une propriété privée, soit payée préalablement à l'occupation; s'il en résulte également que le propriétaire ne puisse, *sous aucun prétexte*, s'opposer à l'élargissement du chemin, il ne s'ensuit pas que la commune puisse négliger ou refuser de faire régler l'indemnité due, dans le plus bref délai possible; s'y refuser ou ajourner ce réglement, serait commettre un véritable déni de justice. Il est évident, d'ailleurs, que si, au moment de l'ouverture des travaux, le sol à incorporer au chemin se trouve occupé par des constructions, des arbres, des haies ou par d'autres objets qui peuvent en modifier la valeur, l'indemnité doit être réglée avant que l'on fasse disparaître ces objets.

Mais, pour ne pas avoir à souffrir de la mauvaise volonté ou de la négligence des intéressés, il faut, dans ce cas là, avoir le plus grand soin de les mettre régulièrement en demeure de faire connaître, par écrit, dans le délai de huit jours au plus, le montant de l'indemnité qu'ils croient pouvoir réclamer, en désignant l'expert choisi par eux, pour procéder conformément aux dispositions du 2ᵉ § de l'article 17 de la loi, dans le cas où les offres qui leur auraient été faites, ne leur paraîtraient pas acceptables.

La mise en demeure doit être notifiée au détenteur du sol, par le garde-champêtre qui en dresse procès-verbal ou signe l'expédition qu'il doit remettre au maire, pour servir de titre à la commune.

On doit indiquer dans cette mise en demeure, la longueur de haie à arracher, le nombre d'arbres à abattre, leur essence, et donner ensuite le détail de l'indemnité offerte. (1)

Il ne reste plus au propriétaire, une fois que cette mise en demeure lui a été notifiée, qu'à déclarer, dans le délai prescrit, s'il accepte ou non les offres qui lui ont été faites, et, dans le cas contraire, à désigner l'expert qu'il aurait choisi pour opérer conjointement avec celui de la commune.

Toute opposition d'une autre nature, quelle qu'en pût être la forme, toute observation étrangère au réglement de l'indemnité, devrait être considérée comme non avenue.

« Une fois l'indemnité réglée ou acceptée, elle constitue contre la
» commune, une créance exigible, dont l'acquittement est rangé au
» nombre des dépenses obligatoires des communes, par le nombre 21
» de l'article 30 de la loi du 18 juillet 1837 ; si donc la commune

---

(1) Voir le modèle de mise en demeure, n° 1ᵉʳ.

» refusait ou tardait de payer, le propriétaire aurait le droit de
» demander au préfet d'appliquer l'article 39 de la même loi, et le
» préfet ne pourrait refuser de faire droit à cette demande sans
» commettre un déni de justice. (Circulaire du ministre de l'intérieur,
» du 21 mai 1839). »

Il résulte de là que, si la loi a donné des droits très étendus aux communes, elle a, en même temps, accordé de justes ménagements à la propriété privée.

Elle a rendu de part et d'autre, la mauvaise foi, la négligence, sinon impossibles, au moins impuissantes : l'intérêt général et les intérêts particuliers sont également sauvegardés.

CHAPITRE III.

Extraction de matériaux, dépôts ou enlèvemens de terres, occupations temporaires de terrain.

ART. 17.

Aux termes de l'article 17 de la loi du 21 mai 1836 « les extrac-
« tions de matériaux, les dépôts ou enlèvemens de terre, les occu-
« pations temporaires de terrain sont autorisés par arrêté du préfet,
« lequel désigne les lieux. Cet arrêté doit être notifié aux parties in-
« téressées, au moins dix jours avant que son exécution puisse être
« commencée. »

Les droits de l'administration sont donc bien nettement établis, et cependant, la plupart des propriétaires sur le terrain desquels il est reconnu nécessaire de faire des fouilles pour extraction de matériaux, des dépôts ou des enlèvemens de terres, se montrent généralement disposés à engager avec l'administration des luttes essentiellement préjudiciables à leurs propres intérêts, et cela dans la persuasion qu'on ne peut disposer de leur propriété, sans leur consentement exprès. Il y a plus ; pour un simple ramassage de matériaux, qui est loin de causer les mêmes dommages que des fouilles pour extraction, on intente très souvent action devant l'autorité judiciaire, contre les adjudicataires des travaux, encore bien que ces derniers n'agissent que d'après les ordres de l'administration. Non seulement les particuliers font des difficultés à ce sujet, mais les communes elles-mêmes réclament à grands cris l'inviolabilité de leur territoire respectif, et élèvent la prétention d'empêcher les entrepreneurs d'y faire ramasser la moindre quantité de matériaux.

Cette étrange manière d'envisager la question, produit de tels résultats que dans deux communes voisines, la différence du prix de ramassage s'élève quelquefois à 1^f.25 par mètre, chiffre relativement considérable eu égard au minimum, puisque dans l'une de ces localités, le mètre se paie 2^f, et dans l'autre 0^f,75 seulement.

Il est vrai de dire que la loi du 21 mai 1836 n'entre pas, à cet égard, dans de longs détails ; mais elle décide, en termes généraux, qu'il suffira d'un arrêté du préfet pour autoriser la fouille, etc., et cela doit suffire.

Dans l'instruction du 24 juin, le ministre paraît persuadé qu'il sera excessivement rare qu'il y ait lieu de remplir les formalités prescrites par l'article dont nous nous occupons pour les chemins vicinaux ordinaires. « Il lui paraît probable, dit-il, que ce ne sera guère que pour « les chemins de grande communication, que les propriétaires pour- « ront exiger une indemnité pour les extractions de matériaux, et « seulement quand on sera obligé de faire faire ces extractions en très- « forte quantité sur une même propriété. »

Mais, ainsi que je le disais tout à l'heure, l'intérêt particulier domine généralement les questions de cette nature, et il y a presque toujours lieu de recourir à toutes les formalités prescrites. Je crois devoir rappeler quelques dispositions de l'ancienne législation, relatives aux extractions de matériaux dans les propriétés particulières, et prouver ainsi, que depuis fort longtemps, l'administration est armée, à cet égard, d'un pouvoir très-étendu.

Le premier arrêt que je connaisse est du 3 octobre 1667, le second du 3 décembre 1672, le troisième du 22 juin 1706. Dans ce dernier on lit : « conformément aux arrêts des 3 octobre 1667 et 3 décembre « 1672, il est permis aux entrepreneurs du pavé de la ville, fau- « bourg et banlieue de Paris, ainsi qu'à ceux des grands chemins, « *dans toute l'étendue de la France*, de prendre de la pierre, grès, « pavés et sable, même de faire casser les rochers qui se trouveront « dans les héritages les plus proches des lieux où ils auront à travailler, « et autres qui seront les meilleurs, pour l'exécution desdits ouvrages, « en quelques lieux qu'ils puissent les rencontrer, lesquels ne seront « point fermés, et de quelque qualité que puissent être lesdits maté- « riaux. »

Un autre arrêt du 7 septembre 1755, porte également exemption pour les terrains clos; mais une ordonnance royale du premier juillet 1840 a décidé :

« 1° Que les conseils de préfecture, seuls, sont compétens pour « prononcer sur les réclamations des propriétaires des terrains dési- « gnés pour l'extraction de matériaux devant servir à des routes, etc., « quand ces propriétaires prétendent avoir droit, à raison de l'état de « clôture de ces terrains, à l'exemption portée par l'arrêt du conseil « du 7 septembre 1755 ;

« 2° Que de la combinaison de cet arrêt et de celui du 20 mars « 1780, il résulte que cette exemption n'est applicable qu'aux cours, « aux jardins et aux parcs clos par des murs. »

De ce qui précède l'on peut conclure que l'administration a le pou- voir le plus étendu en ce qui a rapport à l'extraction de matériaux pour le service des chemins; mais reste à traiter la question d'indemnité généralement mal comprise et sur laquelle je désire ne laisser aucun doute dans l'esprit de ceux qui me feront l'honneur de me lire.

Certaines gens prétendent encore aujourd'hui, qu'il est toujours rigoureusement nécessaire de payer préalablement aux fouilles à faire pour extraction de matériaux, l'indemnité à laquelle les propriétaires du sol ont droit; et de là résulte souvent pour l'administration, de très grands embarras.

Cependant ni la loi du 16 septembre 1807, ni celle du 8 mars

1810, ni le code civil, enfin, n'assujétissent les entrepreneurs à aucune formalité; les tribunaux judiciaires, au reste, l'ont bien reconnu, ainsi que nous en trouvons la preuve dans un arrêt de la cour royale de Toulouse du 10 mars 1834, qui, tout en déclarant que le mot *fouille* dans le sens de la loi du 28 septembre 1791, s'applique même au simple ramassage de cailloux, décide que l'indemnité due aux propriétaires des terrains sur lesquels des fouilles sont pratiquées, ne doit pas être payée à l'avance. Le ministre de l'intérieur dans son instruction sur la loi du 21 mai 1836, partage bien la même opinion, quand il dit à propos de l'article 17 : « Vous ne perdrez pas de vue, M. le « préfet, qu'il est indispensable qu'une première reconnaissance des « terrains soit faite avant l'ouverture des travaux que vous ordonnerez; « c'est la seule manière d'arriver à une équitable fixation de l'indem- « nité, lorsque les travaux sont terminés. »

Tout en convenant que de telles paroles doivent avoir beaucoup de poids, je sais que du moment où il s'agit d'intérêt particulier, on est disposé à ne pas même respecter la loi; à plus forte raison ne s'en rapporterait-on pas volontiers aux paroles d'un ministre *quel qu'il fût*, s'il n'avait le droit pour lui; aussi citerai-je, à l'appui de l'opinion que j'ai émise, un arrêt du Conseil d'État du 20 juin 1839, duquel il résulte que *non seulement, l'indemnité, pour exploitation de carrières, fouille ou ramassage, ne doit pas être préalable, mais encore qu'il n'en est pas dû pour la valeur des matériaux extraits dans une pièce de terre, en nature de culture, lorsque la surface n'en a pas été altérée.*

Des propriétaires ont quelquefois manifesté l'intention de s'opposer, par la force, à ce que l'on s'établît sur leur fonds, et la plupart du temps les entrepreneurs ont reculé en présence d'une démonstration de cette nature; c'était un tort.

Les adjudicataires, il est vrai, ne sont revêtus d'aucun caractère et, par cela même, ils ne peuvent agir sans l'assistance du Maire, de l'adjoint ou du garde champêtre; mais ces fonctionnaires doivent, sur la réquisition des entrepreneurs, constater par un procès-verbal dressé dans la forme ordinaire, la résistance que l'on pourrait opposer à l'exécution d'un acte émanant de l'autorité compétente, et cette résistance entraînerait une condamnation à l'amende, et, en cas de récidive, à la prison. (1)

Il en serait de même si un propriétaire venait soit à enlever les matériaux ramassés ou extraits sur son fonds, soit à s'opposer à leur enlèvement par un moyen quelconque.

Dans ces divers cas, les maires, les adjoints, les agents-voyers et les gardes-champêtres devraient dresser procès-verbal, et le juge de simple police ou le tribunal correctionnel, suivant la nature du délit, ne pourrait se dispenser d'appliquer les peines portées par les lois. L'arrêt du 7 septembre 1755 ne laisse aucun doute à cet égard; voici en quels termes il est conçu : « Les entrepreneurs d'ouvrages » ordonnés pour les ponts et chaussées et chemins du royaume, » pourront prendre la pierre, le sable ou autres matériaux pour » l'exécution des ouvrages dont ils sont adjudicataires, dans tous les » lieux qui leur seront indiqués par les devis et adjudications desdits » ouvrages, sans néanmoins qu'ils puissent les prendre dans les lieux » qui seront fermés de murs. Fait S. M. défense aux propriétaires » desdits lieux non clos, de leur apporter aucun trouble ni empêche- » ment, *sous quelque prétexte que ce soit*, à peine de toute perte, » dépens, dommages et intérêts, même d'amende et toute autre » condamnation qu'il appartiendra. »

Il ne me reste plus qu'à indiquer quel est le tribunal qui doit con-naître des contestations qui peuvent s'élever à l'occasion, tant des exploitations de carrière, que du ramassage des matériaux destinés à la confection des chemins vicinaux.

Il y a une infinité de circonstances dans lesquelles des particuliers peuvent, sous ce rapport, se prétendre lésés dans leurs intérêts et peuvent l'être en effet; mais, dans tous les cas, c'est aux conseils de préfecture seuls (article 4 de la loi du 28 pluviose an 8) qu'il appartient de prononcer sur les réclamations que l'on peut avoir à faire à cet égard.

Il a été même décidé par des ordonnances royales des 30 juillet

---

(1) Code pénal, articles 458, 471, § 15, et article 474.

1840 et 4 septembre 1841, et par un arrêt de la Cour de cassation du 21 octobre suivant, que, *quand il ne peut y avoir pour le juge, certitude complète que les entrepreneurs ont excédé les pouvoirs qu'ils tiennent des marchés consentis par l'autorité administrative,* il doit surseoir à statuer, jusqu'à ce que cette autorité ait prononcé sur la question préjudicielle. (Dans le même sens, Conseil d'Etat, 7 décembre 1844, Lebon, pages 629 et 631).

Je crois devoir donner l'analyse de quelques-unes des décisions intervenues par suite des contestations élevées à propos de l'exécution des travaux publics; je prouverai ainsi, que l'on ne saurait se montrer trop prudent, quand il s'agit de dommages dont l'appréciation pourrait tout d'abord paraître de la compétence des tribunaux ordinaires.

Un juge de paix excède ses pouvoirs, en statuant sur l'action en dommages-intérêts, dirigée par des particuliers contre l'adjudicataire de la fourniture des matériaux nécessaires à l'entretien d'une route, qui passe avec des voitures sur leur champ. (Arrêt du Conseil d'Etat du 23 juin 1819).

Un dépôt de matériaux qu'un entrepreneur fait faire sur un terrain qui ne lui a pas été désigné par l'administration, constitue l'un des torts et dommages provenant du fait personnel des entrepreneurs, dont l'article 4 de la loi du 28 pluviose an 8, attribue la connaissance aux conseils de préfecture, et le propriétaire est sans droit à se pourvoir, par voie de complainte ou d'action en dommages devant les tribunaux ordinaires (arrêt du 30 juillet 1840); et, en général, l'appréciation des dommages, quels qu'ils soient, provenant de l'extraction des matériaux, est de la compétence du conseil de préfecture. (Arrêt du 11 septembre 1840).

Cependant, il est souvent arrivé que des juges de paix se déclarant compétens, ont statué sur des questions de cette nature, nonobstant les observations qu'on avait pu leur faire.

Quand les jugemens n'étaient pas rendus en dernier ressort, on pouvait interjeter appel et proposer le déclinatoire en première instance; mais, pendant assez longtemps, on a cru qu'il ne pouvait en être ainsi, quand les jugemens étaient rendus en dernier ressort. Un arrêt du Conseil d'Etat du 7 décembre 1844 (Lebon, page 627),

4

a fait cesser toute incertitude à cet égard, en décidant *que les juge-*
mens rendus en dernier ressort par les juges de paix, sont sujets à
l'appel pour raison de compétence, et que les préfets peuvent, sur
l'appel interjeté par la partie intéressée, proposer le déclinatoire et
élever le conflit.

Quand il s'agit de contestations de cette nature, survenues entre
une commune et un entrepreneur, le cas est le même : ce dernier est
justiciable du conseil de préfecture pour les indemnités auxquelles
son exploitation peut donner lieu. (Arrêt du 13 novembre 1810).

Jusqu'ici, je n'ai guère parlé que des dommages résultant d'exploitations de carrières, d'extraction ou de ramassage de matériaux ;
mais, quels qu'ils soient, pourvu qu'il s'agisse de travaux publics, les
demandes en indemnité que les particuliers peuvent former à raison
de ces dommages, sont également de la compétence des conseils de
préfecture ; en voici la preuve :

« Lorsque le délit imputé aux employés d'un entrepreneur, et
» dont est saisi un tribunal correctionnel, parait être la conséquence
» d'une infraction aux clauses du cahier de charges, l'interprétation
» de ce cahier de charges et la question de savoir si les ordres de
» l'administration ont été exécutés, constituent une question préju-
» dicielle rentrant dans les attributions de l'autorité administrative et
» jusqu'à la solution de laquelle, les tribunaux ordinaires doivent sur-
» seoir à statuer. (Ordonnance royale du 23 avril 1840).

» Lorsqu'un entrepreneur de travaux publics, assigné en indem-
» nité pour avoir abattu une haie, prétend avoir agi en vertu du
» cahier de charges de son adjudication, il n'appartient qu'à l'autorité
» administrative, soit d'interpréter ce cahier de charges, soit d'apré-
» cier le dommage causé par l'entrepreneur dans les limites de son
» acte de concession. (Ordonnance du 4 juillet 1840).

» Un entrepreneur de travaux d'élargissement d'un chemin vicinal,
» ne peut être condamné en police correctionnelle, pour avoir dépassé
» les limites tracées par son adjudication, qu'autant que la question
» préjudicielle a été décidée par l'autorité administrative. (Ordon-
» nance royale du 18 décembre 1840). »

Il arrive souvent que l'administration fait exécuter elle-même des travaux publics, sans l'intermédiaire d'entrepreneurs ; dans ce cas là encore, et à *fortiori*, les demandes en indemnité que les particuliers ont à former, à raison de dommages causés à leur propriété, pour l'exécution desdits travaux, sont de la compétence de l'autorité administrative. (Ordonnances royales des 10 décembre 1840 ; S. 41, 2, 295, et 19 avril 1844. Lebon, page 240).

Les conseils de préfecture statuent sur les dommages de toute nature résultant de l'ouverture des chemins, et les tribunaux ordinaires sur l'indemnité due pour le terrain occupé. (Ordonnances royales des 19 octobre 1825, 15 juillet 1841, 12 janvier et 27 novembre 1844). Voir pour ces dernières, Lebon 1844, p. 17, 23 et 599.

On a prétendu, cependant, que certains dommages résultant de l'ouverture d'un chemin ou d'une route, pouvant être considérés comme permanens et assimilés, par conséquent, à une expropriation, étaient de la compétence des tribunaux ; mais le Conseil d'Etat a toujours repoussé cette prétention ; outre les arrêts précédens, nous citerons ceux des 10 mars, 15 septembre, 9 et 30 décembre 1843.

Pour prouver combien l'opinion que j'émets est fondée, je citerai les considérants de deux ordonnances royales des 23 juillet 1840 et 2 juin 1843, intervenues sur la demande en indemnité de propriétaires, à raison de dommages prétendus permanens. Voici celui de la première :

« Considérant que la demande formée par les sieur et dame Augustin, est fondée exclusivement sur le dommage qui résulterait » pour eux de l'exhaussement de la voie publique aboutissant à leur » propriété, exhaussement qui gênerait et modifierait les conditions » de leur jouissance ; que dès lors leur demande n'a point pour cause » une expropriation partielle ou totale sur laquelle il appartienne à » l'autorité judiciaire de prononcer, mais seulement la réparation d'un » dommage dont les conséquences, aux termes des lois sus-visées, ne » peuvent être appréciées que par l'autorité administrative. » (Dans le même sens, arrêts des 14 avril, 27 août 1839 et 28 mars 1843. Voir pour ce dernier, le journal des communes 1843, page 345).

Voici ceux de la seconde :

» Considérant que la distinction établie par le tribunal de Mont-

» pellier entre les dommages temporaires et les dommages permanens,
» n'existe dans aucune loi; que le principe de la compétence des
» tribunaux administratifs, en matière de dommages résultant de
» travaux publics, est général et absolu; qu'il a été posé par la puis-
» sance législative et qu'il n'appartient qu'à elle d'en modifier ou d'en
» restreindre l'application.

» Considérant que *les dommages, quelle que soit leur quotité,*
» *leur nature et même leur durée, peuvent diminuer la valeur*
» *d'une propriété, mais ne constituent jamais une dépossession,*
» *puisque le sol ne change pas de maître; qu'une diminution de va-*
» *leur ne peut jamais être assimilée à une expropriation* (1). » (Dans
le même sens, Ledru-Rollin, J. du Palais 1837; Dalloz, Jurisprudence générale, tome 2, page 223 et suivantes.)

Il résulte du même arrêt (2 juin 1843), que lorsqu'un propriétaire
qui éprouve des dommages de la nature de ceux spécifiés au paragraphe
précédent, a cédé une portion de sa propriété pour l'établissement
d'une route, les dommages ne doivent pas être considérés comme une
conséquence d'expropriation et que le réglement de l'indemnité appartient au conseil de préfecture. (Lebon, 1843, pages 264 et 265).

Il y a plus ; si le dommage causé à une propriété n'est pas *direct* et
matériel, il ne peut donner lieu à indemnité (arrêts de la Cour de
cassation du 12 juin 1833, et du Conseil d'Etat des 20 février 1840 et
20 septembre 1843), parce qu'il n'y a aucune loi qui impose à l'état ou
aux communes, l'obligation de réparer les conséquences indirectes des
travaux effectués dans l'intérêt de tous. (Ordonnances royales des
14 décembre 1836 et 30 décembre 1842).

En général, le droit à indemnité n'est incontestable, en cas d'exhaussement ou d'abaissement de la voie publique surtout, qu'autant
que les points exhaussés ou abaissés touchent immédiatement aux
maisons ou aux bâtimens des réclamans (2) ; quand, au contraire, ils
ne sont pas contigus aux propriétés prétendues atteintes dans leur

---

(1) Il s'agissait dans ce dernier cas, d'eaux pluviales qui séjournaient sur une
propriété particulière, par suite de la construction d'un chemin de fer.

(2) Il résulte même des termes d'un arrêt du Conseil d'Etat du 20 février 1810,
qu'il n'était dû aucune indemnité pour déchaussement de seuils.

valeur, par ces travaux, la question est essentiellement susceptible de controverse. (M. Gand, avocat, traité général de l'expropriation, page 398).

De l'article 544 du code civil, d'ailleurs, il résulte bien explicitement, que chacun peut disposer de sa chose, de la manière la plus absolue, pourvu qu'il n'en fasse pas un usage défendu par les lois et les réglemens.

Les lois romaines 151 et 155 au dig. *de regulis juris*, avaient également reconnu que celui qui ne fait qu'user des droits qui lui appartiennent, ne peut jamais être censé causer du dommage, quelque désagrément que les autres en éprouvent. *Nemo damnum facit, nisi qui id facit quod facere jus non habet ; non videtur vim facere, qui suo jure utitur.*

Ces principes se trouvent aujourd'hui consacrés par les arrêts que nous venons de citer et par les dispositions de l'article 1382 du code civil, qui n'attache aucune conséquence à un fait dommageable, et qui exige, pour qu'il puisse en résulter une cause d'action en indemnité, qu'il s'y joigne une véritable faute de la part de celui à qui ce fait serait personnel. Cette opinion est celle d'un homme de mérite, qui a publié un ouvrage très remarquable sur la matière.

Je crois ne pouvoir mieux terminer ce chapitre qu'en rapportant ce que dit M. Gand, dans son traité général de l'expropriation, au sujet de la compétence des conseils de préfecture, en ce qui concerne les dommages résultant de l'exécution de travaux publics.

« Nous croyons que le meilleur conseil à donner aux parties demanderesses, dans l'état actuel de la jurisprudence, est de s'adresser » aux conseils de préfecture pour toutes espèces de dommages résultant de travaux publics exécutés par l'administration, lorsque le fait » préjudiciable ne consistera pas en la dépossession d'une fraction » matérielle de leur fonds. (Notes, page 398).

» Toutes les fois que les dommages entrent par leur nature dans la » compétence des conseils de préfecture, il importe peu qu'ils soient » du fait de l'administration elle-même, ou de celui de ses entrepreneurs (1). (Arrêt du Conseil d'Etat du 10 décembre 1840, qui dé-

(1) C'est ce que nous avons déjà dit, pages 50 et 51.

» clare que c'est toujours en ce sens que l'article 4 de la loi du 28
» pluviose an 8, a été entendu et appliqué, S. 41, 2, 295); déjà
» il avait rendu des décisions analogues les 12 avril 1832, S. 34, 2,
» 506, et 22 février 1838, S. 38, 2, 397. De son côté, la Cour de
» cassation avait également fixé ce point de jurisprudence, par son
» arrêt du 20 août 1834, S. 34, 1, 529. »

Deux décisions récentes viennent donner une très grande force à
cette opinion, à laquelle je dois dire que je me suis rangé depuis
longtemps.

L'une est un arrêt du Conseil d'Etat du 16 décembre 1844, (Lebon
page 648), qui décide que les tribunaux ne peuvent connaître
d'une mesure tendant à faire supprimer les travaux prescrits par
le maire, tant que les actes administratifs subsistent.

L'un des considérans est ainsi conçu :

« Considérant que les mesures qui ont donné lieu à l'action du
» sieur Bel, ont été prises en vertu d'arrêtés du maire de Cessieux et
» du préfet de l'Isère, et que ces actes, tant qu'ils subsisteront, font
» obstacle à ce que l'autorité judiciaire puisse connaître des réclama-
» tions du sieur Bel. »

L'autre décision est un jugement du 23 avril 1845 rendu sur appel,
par le tribunal de première instance de l'arrondissement de Beauvais
(Oise).

Voici de quoi il s'agissait :

Conformément aux dispositions du deuxième paragraphe de l'article
16 du réglement général sur les chemins vicinaux, approuvé par le
ministre de l'Intérieur le 23 mars 1837, et en conséquence d'instructions spéciales de M. le préfet de l'Oise, le maire de la commune du
Vaumain, de concert avec l'agent-voyer cantonnal, avait en 1844,
fait opérer d'office l'élagage des arbres et haies bordant les chemins
de la commune; mais un des principaux propriétaires de la localité,
prétendant que l'ouvrier préposé par le maire, avait outrepassé les
bornes de son droit, intenta action contre lui, devant le juge de paix
du canton qui se déclara compétent et condamna l'ouvrier du maire
aux dépens et à 3 francs de dommages-intérêts.

Appel a été interjeté par cet ouvrier qui croyait avec raison ne pouvoir être mis en cause ; sur l'appel, le préfet a proposé le déclinatoire, et enfin, contrairement aux considérations énoncées au réquisitoire du ministère public, est intervenu le jugement que nous venons de citer et dont voici le dispositif :

« Attendu qu'aux termes de l'article 13, titre 2 de la loi du 24 » août 1790, les fonctions judiciaires sont distinctes et séparées des » fonctions administratives ;

» Que le même article défend aux juges de troubler de quelque » manière que ce soit, les opérations des corps administratifs et de » citer devant eux les administrateurs, pour raison de leurs fonctions ;

» Que, par une conséquence nécessaire de ces principes, lorsqu'un » magistrat de l'ordre administratif prend le fait et cause de son pré- » posé, *et qu'ainsi il n'est pas reconnu* entre toutes les parties, que » le préposé de l'administration ait agi en dehors de la mission » administrative qui lui a été donnée, les tribunaux ne peuvent, sans » contrevenir à l'article ci-dessus mentionné, statuer sur l'action » intentée contre cet agent, puisque ce serait troubler l'administration » dans ses opérations et soumettre indirectement les actes de l'admi- » nistration, au contrôle de l'autorité judiciaire ;

» Que la question de savoir si la mission donnée par l'administra- » tion a ou non été outre-passée, lorsqu'elle est agitée entre les » parties, ne peut être résolue que par l'autorité administrative, » puisqu'elle rend nécessaire l'interprétation d'un acte administratif, » et que, suivant la solution dont elle est susceptible, l'acte contre » lequel une réclamation est portée, peut être reconnu comme cons- » tituant un acte administratif, sur lequel l'autorité judiciaire ne peut » prononcer ;

» Attendu que Fleschemer, chargé par un arrêté formel du maire » de la commune de procéder à l'élagage de tous les bois qui dépas- » saient la limite des propriétés riveraines des chemins et, en général, » de la voie publique, dans cette commune, soutient n'avoir pas » outre-passé la mission qu'il a reçue de ce magistrat administratif ;

» Que le maire du Vaumain a déclaré devant le premier juge, » prendre au nom de la commune, le fait et cause du sieur Fles- » chemer, son agent ;

» Qu'il a réitéré cette déclaration, en cause d'appel, en déclarant
» formellement que le Sr Fleschemer n'a pas outre-passé ses ordres ;

» Que si la déclaration du maire devant le premier juge, n'a pas
» été aussi explicite, en ce qui concerne les motifs de son interven-
» tion, il n'est constaté dans aucun acte de l'instance, que ni lui ni
» Fleschemer aient reconnu que ses ordres aient été outre-passés ;

» Qu'ainsi la question de savoir si Fleschemer s'est ou non renfermé
» dans les termes de la mission administrative qu'il a reçue, était
» entière entre les parties ;

» Attendu que la mission donnée à Fleschemer par le maire du
» Vaumain, déterminée par des motifs d'intérêt public et complète-
» ment distincts de la gestion des propriétés patrimoniales de la
» commune, constitue évidemment un acte d'administration ;

» Que peu importe *que cette mission n'ait pas été donnée* sous la
» forme d'une adjudication, la forme ne changeant rien à la nature de
» l'acte ;

» Qu'à l'autorité administrative seule appartient le droit de
» statuer sur la régularité et les conséquences d'un acte administratif,
» et de juger si le préposé du maire du Vaumain a ou n'a pas outre-
» passé les ordres de ce magistrat ;

» Le tribunal dit qu'il a été incompétemment statué par le juge de
» paix du canton du Coudray-Saint-Germer. Au principal, donne acte
» au préfet du département de l'Oise du déclinatoire proposé en son
» nom, et, au maire du Vaumain, de sa déclaration que Fleschemer
» n'a point outre-passé ses ordres et qu'il prend son fait et cause ; se
» déclare incompétent et condamne le sieur Dupille aux dépens tant
» *des causes principales que d'appel.* Liquide lesdits dépens, savoir :
» ceux faits par Fleschemer, à la somme de cinquante-huit francs
» soixante-treize centimes, et ceux faits par le maire du Vaumain à
» celle de vingt-deux francs quatre-vingt cinq centimes, non compris
» le coût du présent jugement ; fait distraction des dépens à Mes Durais
» et Leroux avoués, chacun en ce qui le concerne, sur leur affirma-
» tion. »

ART. 18.

Je ne crois pas devoir m'occuper de l'article 18, par la raison que les dispositions qu'il renferme, se trouvent très rarement applicables. En effet, ou les propriétaires cèdent sans arrière pensée leur terrain soit pour l'ouverture d'un chemin, soit pour l'extraction des matériaux nécessaires à sa confection, ou ils font régler, avant l'expiration du délai fatal, l'indemnité qui peut leur être due. Il résulte de là, comme je le disais tout à l'heure, que l'article dont il s'agit est rarement applicable.

ART. 19.

Il n'en est pas ainsi de l'article 19, qui a soulevé des questions très sérieuses; les dispositions qu'il renferme ont été interprétées de tant de manières différentes, que, pendant longtemps encore, il résultera des doutes sur l'étendue des droits que la loi a voulu attribuer aux communes et aux propriétaires riverains, à l'égard des parties de chemin ou des chemins qui cesseront de servir de voie de communication, par suite du changement de direction ou d'abandon de ces chemins ou parties de chemin.

Si les propriétaires intéressés consentaient à profiter du bénéfice de la loi, il n'existerait jamais de difficultés sérieuses à la solution de la question; mais il peut arriver qu'un des propriétaires n'ait pas le désir de se rendre acquéreur du terrain qu'il a le droit de soumissionner; que fera-t-on dans cette concurrrence? Peut-on donner d'une main et retirer de l'autre? Je ne le pense pas. Si donc l'un des intéressés seulement, consent à faire la soumission de se rendre acquéreur du terrain qui longe sa propriété, on doit admettre sa demande et le subroger aux droits de son voisin.

Si les deux propriétaires élèvent la prétention de jouir de leurs droits respectifs, il faut diviser les chemins ou parties de chemin en deux parties égales dans le sens de la largeur, et se conformer ainsi *rigoureusement* à l'intention du législateur qui a eu principalement en vue d'accorder une faveur à la propriété riveraine, par la raison qu'elle souffre généralement de l'abandon ou du changement de direction des anciens chemins.

On a prétendu que, dans ce dernier cas, on devait recourir à la voie des enchères; mais je ne crois pas cette opinion fondée. Sans vouloir, toutefois, me prononcer d'une manière absolue, je dirai que l'article dont il s'agit, n'est pas conçu dans des termes qui me paraissent pouvoir être interprétés dans ce sens restrictif.

Il en serait tout autrement, si ni l'un ni l'autre des propriétaires ne voulaient profiter du bénéfice de la loi ; dans ce cas, en effet, on rentre dans le droit commun : il ne s'agit plus que d'aliéner une propriété communale, aux meilleures conditions possibles, c'est-à-dire, par voie d'enchères, avec publicité et concurrence. Mais il faudrait, avant d'en arriver là, mettre les intéressés en demeure de se prononcer sur leur intention de profiter du bénéfice de la loi ou d'y renoncer. Pour prévenir les suites de la mauvaise foi des riverains, je pense qu'il serait indispensable de leur faire notifier administrativement l'intention de la commune, d'aliéner telle ou telle partie de chemin bordant leur propriété, en les prévenant que, dans le cas où ils voudraient profiter du bénéfice de la loi, ils auraient à faire leur soumission, dans un délai déterminé, en désignant, en même temps, l'expert que chacun d'eux aurait choisi pour procéder contradictoirement avec celui de la commune, à l'estimation des parcelles à aliéner. (1). Les notifications seraient faites en double expédition ; l'une serait remise à chaque propriétaire intéressé, l'autre resterait entre les mains du maire ; et si, à l'expiration du délai fixé, ce dernier n'avait pas reçu les soumissions des propriétaires, il provoquerait la vente aux enchères publiques, en adressant une demande au préfet, à l'appui de laquelle devrait être joint le certificat constatant l'accomplissement de la formalité dont il s'agit (2).

Dans cette occurrence, le sol abandonné n'aurait jamais une très-grande valeur, si, comme le dit M. Ledru-Rollin (pages 116 et 438), le sol reste frappé, à l'égard du riverain, de la servitude d'issue et de desserte (arrêt du Conseil d'Etat du 25 avril 1833), et si l'administration ne peut l'aliéner que frappé de cette servitude. (Ordonnance du 10 février 1816).

---

(1) Voir le modèle de notification n° 2.

(2) Voir le modèle de soumission n° 5 et le modèle de l'acte de vente n° 4.

Tout en rendant hommage à la science du savant jurisconsulte, je ne puis accepter, sans réserve, l'opinion qu'il émet; je la crois trop absolue.

Je comprends très bien qu'on ne puisse jamais enclaver une propriété quelconque, sans lui donner une issue; aussi, ne voudrais-je pas voir aliéner un chemin, sans réserver le droit des tenans et des aboutissans, si les communes ne pouvaient fournir des passages au moins aussi faciles que ceux qui existaient précédemment; mais, dans le cas où il pourrait en être ainsi, je pense que ce serait se tromper que de croire que *le chemin seul doive passage, et qu'on ne puisse l'aliéner, que frappé de la servitude d'issue et de desserte.*

D'après l'état de la législation sur la matière, il n'y a qu'un acte administratif qui puisse dépouiller les voies publiques du caractère auquel elles doivent leur imprescriptibilité; il en résulte, comme nous le disions à l'occasion de l'article 6 de la loi du 9 ventôse an **XIII** (ɪ) que le sol des chemins publics ne peut être acquis par la possession, suivant les règles du code civil, et que l'on ne saurait y acquérir aucun droit de servitude. (Cassation 13 février 1828).

Comment donc ce droit pourrait-il s'acquérir au moment même où un acte administratif prononce la suppression d'une de ces voies publiques? Il n'y a cependant là aucune des circonstances prévues par le code civil, que l'on puisse invoquer, puisqu'il ne s'écoule entre l'existence légale d'un chemin et sa suppression, que le temps nécessaire pour signer l'arrêté ou l'ordonnance qui le supprime.

Le droit d'habitation, celui d'ouvrir des jours et des issues ne sont que des accessoires du droit de circuler; or, comme le droit de circuler dans une voie publique n'est qu'un droit précaire, tous ceux qui en dérivent ne peuvent avoir d'autre caractère.

Aucune loi ne garantit ces droits aux riverains des voies publiques, non plus que l'article que nous examinons, dans lequel il n'est rien stipulé en faveur des riverains, pour la suppression des jours ou des issues dont ils peuvent être en jouissance, au moment de l'aliénation des par-

---

(1) Page 15.

ties de chemin ou des chemins abandonnés ; le droit des communes, enfin, est sans restriction aucune. Mais, je le répète, on doit toujours avoir égard aux réclamations légitimes qui peuvent se produire dans les enquêtes qui ont lieu avant la suppression ; toutefois, il faut bien prendre garde de sacrifier les intérêts des communes pour satisfaire aux exigences de l'intérêt particulier.

Du moment où un chemin perd son caractère de chemin public, il devient prescriptible et aliénable, il est enfin propriété communale. Considéré sous ce point de vue, s'il est aliéné, le conseil municipal peut affecter le produit de l'aliénation, à des dépenses d'intérêt communal, sans qu'il puisse y avoir de privilège plutôt pour celles d'une nature que pour celles d'une autre ; mais ce principe dont l'application rigoureuse serait si préjudiciable aux intérêts bien entendus des communes qui ont généralement des voies de communication en très mauvais état, ce principe, dis-je, est-il absolu ? Je ne le pense pas.

En effet, admettons pour un instant, qu'il s'agisse d'un chemin d'un intérêt collectif seulement, dont les frais de confection sont payés en commun par les localités intéressées, ou d'un chemin de grande communication dont les frais de confection sont à la charge et des communes intéressées et des départemens ; si on abandonne ce chemin, si on en change la direction, qui paiera les indemnités de terrain ? Sera-ce la commune de la situation, seule ? Il en est ainsi dans quelques départemens ; mais je crois que c'est un tort : la dépense doit se faire en commun. En admettant la négative, la question sera facile à résoudre.

Si on abandonne un chemin existant, et que l'on paie en commun les terrains à occuper pour en ouvrir un nouveau, il ne serait pas juste de laisser profiter la commune de la situation, *seule*, du produit de la vente du chemin abandonné, puisque cet abandon n'a lieu que par suite d'une dépense faite en commun, pour payer les terrains à occuper par le nouveau chemin ; mais on comprendra, sans peine, qu'il en serait tout autrement, si chaque commune traversée ou longée par un chemin d'un intérêt collectif dans le sens de l'article 6 seulement, ou par une ligne assez importante pour être considérée comme chemin de grande communication, se trouvait *seule* chargée de faire face aux indemnités de terrain à payer pour l'ouverture du chemin.

ART. 21.

Pour assurer l'exécution de la loi, les préfets ont du, aux termes de l'article 21, préparer un réglement dont les principales dispositions ont pour objet de déterminer la largeur des chemins, d'assurer l'emploi des ressources vicinales, et de statuer sur tout ce qui est relatif aux alignements, aux autorisations de construire le long desdits chemins, à l'écoulement des eaux, aux plantations, à l'élagage, aux fossés et à leur curage ; mais le droit de ces magistrats, sous ces divers rapports, ne résulte pas seulement des termes de cet article.

En effet, en ce qui concerne la largeur à donner aux chemins, ce droit ressort bien évidemment des dispositions de l'arrêté du directoire du 23 messidor an V, et de celles de l'article 6 de la loi du 9 ventôse, an XIII (1). Il en est de même de ce qui est relatif à l'emploi des ressources (2).

Quant aux alignements, on a prétendu, antérieurement à la promulgation de la loi du 21 mai 1836, qu'à défaut de réglement spécial, on pouvait construire le long des chemins, sans autorisation ; mais il en a été décidé autrement par un arrêt de la Cour de cassation du 15 mai 1835, S. 35-1, 801, dont voici les motifs :

« La Cour, vu l'édit de 1607, portant : défendons à tous nos sujets
» de la ville de Paris, et autres villes de ce royaume, de faire aucun
» édifice, pan de mur, jambes estrières, encoignures sur ladite
» voirie, sans le congé et l'alignement de notre grand voyer ou desdits
» commis ;

» Vu les articles 1er et 3 (3) titre XI de la loi du 16-24 août

---

(1) Pages 12 et 14.

(2) Page 14. — Arrêté des Consuls du 4 thermidor an X.

(3) Article 1er T. XI de la loi du 16-24 août 1790. Les corps municipaux veilleront et tiendront la main dans l'étendue de chaque municipalité, à l'exécution des lois et des réglements de police, etc.
Article 3. Tout ce qui intéresse la sûreté et la commodité du passage dans les rue, quais, places et voies publiques, ce qui comprend le nettoiement, l'illumination, l'enlèvement des encombremens, la démolition et la réparation des bâtiments menaçant ruine, etc.

» 1790, 29 (1) de celle du 19 - 22 juillet 1791, 471, n° 5, et 484
» du code pénal (2) ;

  » Attendu que les réglements concernant la voirie, disposent dans
» un intérêt général de police et de sûreté ; que l'article 29 de la loi du
» 19-22 juillet 1791, a provisoirement confirmé ceux qui subsistaient
» à cette époque ; qu'ils l'ont été définitivement, et par l'article 471,
» n° 5, du code pénal, qui punit *ceux qui auront négligé ou refusé*
» *d'exécuter les réglements ou arrêtés concernant la petite voirie*,
» et par l'article 484 portant que *dans toutes les matières qui n'ont*
» *pas été réglées par le présent code et qui sont régies par des lois*
» *et réglements particuliers, les cours et les tribunaux continueront*
» *de les observer;* qu'on lit, en effet, dans l'exposé des motifs du
» titre IV du code pénal, que cette disposition maintient les lois et
» réglements actuellement en vigueur, relatifs à la construction, en-
» tretien, solidité, alignement des édifices, et aux matières de voirie ;
» attendu que ces lois et réglemens donnaient aux officiers de la
» voirie, le droit de défendre la confection de travaux confortatifs sur
» la façade des maisons joignant les rues des villes et susceptibles
» d'alignement, et qu'après la suppression de la juridiction de la
» voirie, ces attributions ont été transportées aux corps municipaux
» par les articles 1 et 3, n° 1er, titre XI de la loi des 16 et 24 août
» 1790 ; qu'en vertu de l'article 13 de la loi du 28 pluviose an VIII,
» (3) elles appartiennent aujourd'hui au maire des villes ; que d'après

---

(1) Article 29 de la loi du 19-22 juillet 1791. — Sont également confirmés provisoirement les réglements qui subsistent concernant la voirie, ainsi que ceux actuellement existants, à l'égard de la construction des bâtiments, et relatifs à leur solidité et à leur sûreté, sans que de leur disposition il puisse résulter la conservation des attributions ci-devant faites à des tribunaux particuliers.

(2) Article 471 du code pénal. Seront punis d'une amende depuis un franc jusqu'à cinq francs inclusivement :
  1° Ceux qui, etc.
  5° Ceux qui auront refusé ou négligé d'exécuter les réglements ou arrêtés concernant la petite voirie, ou d'obéir à la sommation émanée de l'autorité administrative, de réparer ou de démolir les édifices menaçant ruine.

(3) Article 13 de la loi du 28 pluviose an VIII.
Les maires et adjoints rempliront les fonctions administratives exercées mainte-nant par l'agent municipal et l'adjoint, etc.

» l'article 46 de celle du 19 - 22 juillet 1791 (1), ceux-ci ont incon-
» testablement le droit de renouveler les réglements anciens sur les
» objets de police confiés à leur vigilance et à leur autorité ; mais
» qu'en l'absence de ces dispositions particulières, les réglements
» anciens qui n'ont point été abrogés, subsistent par eux-mêmes
» et doivent continuer de recevoir leur exécution, etc. »

Pour les constructions à réparer ou à faire dans l'intérieur des villes,
bourgs et villages, toute demande d'autorisation ou d'alignement doit
être faite au maire qui, si la rue ou la place pour laquelle l'autorisation
est demandée, est une traverse de route royale, départementale ou
d'un chemin de grande communication, transmet la demande au préfet.
Dans tous les autres cas et tout le temps qu'un plan général d'alignement,
arrêté pour la localité, n'a pas été approuvé, l'alignement est donné par
les maires seuls, d'après leurs vues personnelles ; mais il n'a qu'un
caractère essentiellement provisoire. (Arrêt de la Cour de cassation du
25 novembre 1837, S. 38, 1, 91).

Il en est de même des arrêtés des préfets (arrêt du Conseil d'Etat du
15 février 1833, S. 34, 2, 409) ; mais un arrêté d'alignement donné
par le maire et approuvé par le préfet, ne peut être attaqué par voie
contentieuse. (Arrêt du Conseil d'Etat du 4 novembre 1836, S. 36,
2, 215).

Il semblait résulter de l'arrêt du Conseil d'Etat du 15 février 1833,
(S. 36, 2, 447), déjà rapporté, et de celui du 14 juin 1836, que
lorsqu'un préfet annule ou modifie un réglement d'alignement donné
par le maire, il doit réserver tous droits à indemnité au propriétaire
qui se trouve obligé de démolir la construction faite sur la foi du premier
alignement. (M. Gand, page 461).

---

(1) Article 46. Aucun tribunal de police municipale ne pourra faire de réglement : le corps municipal néanmoins pourra, sous le nom et l'intitulé de *Délibérations*, et sauf le cas de réformation, s'il y a lieu, par l'administration du département, sur l'avis de celle du district, faire des arrêtés sur les objets qui suivent :
1° Lorsqu'il s'agira d'ordonner les précautions locales sur les objets confiés à sa
vigilance et à son autorité, par les articles 3 et 4 du titre XI du décret du 16 août,
sur l'*organisation* judiciaire ;
2° De publier de nouveau les lois et réglemens de police, ou de rappeler les
citoyens à leur observation.

Mais cette conséquence implicite est tombée, en présence d'une décision plus récente (24 avril 1837, S. 37, 2, 379); toutefois, par un autre arrêt du 15 juillet 1841 (Lebon, T. P.), le conseil se prononce d'une manière moins absolue, en décidant seulement *que lorsque des ordonnances établissent de nouveaux alignements, l'administration ne peut arrêter la construction des maisons commencées, sur l'ancien alignement, quand cette construction est parvenue jusqu'à la hauteur du premier étage.* C'est, comme on le voit, revenir indirectement au principe posé dans les arrêts des 15 février 1833 et 14 juin 1836, en s'associant, en même temps, à la jurisprudence de la Cour de cassation qui a décidé :

« 1° Qu'encore bien qu'un arrêté d'alignement pris par le maire,
» soit déféré au préfet qui a le droit de l'annuler ou de le modifier,
» le tribunal de simple police devant lequel serait poursuivie une con-
» travention à cet arrêté, devrait condamner le contrevenant parce
» qu'il est de principe, que tout réglement municipal relatif à la voirie
» est provisoirement exécutoire et par conséquent obligatoire pour les
» tribunaux, (cassation, arrêt du 26 juillet 1827, S. 27, 1, 502;
» M. Gand, page 466);

« 2°. Que celui qui, ayant commencé une construction en consé-
» quence d'un alignement à lui donné par le maire, n'obtempère pas
» aux injonctions qui lui sont faites de discontinuer ses constructions,
» par suite de la révocation du premier alignement, se rendait, en
» continuant, coupable de contravention et passible de l'application
» de l'article 471, n°. 15 du code pénal (M. Gand, page 469, arrêt
» du 25 novembre 1837, S. 38, 1, 915);

» 3°. Enfin, qu'en cas d'annulation par l'autorité supérieure d'un
» alignement donné par l'autorité administrative inférieure, et en con-
» séquence duquel a été construit un bâtiment qui ne se trouve plus
» sur la ligne du nouveau tracé résultant de la modification du précé-
» dent, le propriétaire de ce bâtiment ne peut être forcé de le démo-
» lir. (Arrêt du 16 avril 1836, S. 36, 1, 656; M. Gand, page 447).

Tout en reconnaissant, avec M. Gand, que ces alignemens ne présentant qu'un acte de même nature, chacun d'eux ne tire sa force que d'une servitude légale, nous pensons, comme lui, qu'il serait à désirer que la jurisprudence des deux cours souveraines pût changer, à cet égard, ou, du moins, admît de nombreuses exceptions au principe à peu près absolu qu'elles maintiennent en vigueur.

Il résulte explicitement de ce que nous venons de rapporter, que le riverain d'un chemin public classé ou non, ne peut construire sans autorisation, à peine d'être condamné à l'amende.

Le tribunal de simple police ou le conseil de préfecture, suivant le cas, outre l'amende, prononce la démolition et des dommages-intérêts.

La démolition n'est pas seulement de droit, quand la construction anticipe sur le sol de la voie publique ou du chemin, mais encore quand par suite de l'alignement qui vient à être fixé, il est reconnu qu'il n'y a pas eu anticipation.

Ce principe est consacré par de nombreux arrêts de la Cour de cassation, mais notamment par une décision du 21 novembre 1844, contraire à la jurisprudence du Conseil d'Etat, ainsi que le prouve l'arrêt du 26 juillet 1837, duquel il résulte que si un riverain se conforme à l'arrêté du préfet, il ne doit être condamné qu'à l'amende.

Quand des travaux confortatifs sont exécutés aux murs de face d'une maison sujette à reculement, la démolition doit être restreinte aux travaux faits, sans pouvoir être étendue à la totalité des murs (arrêt du Conseil d'Etat du 16 juillet 1842); et quand les travaux ne sont pas confortatifs, on doit s'abstenir d'en ordonner la démolition, en se bornant à appliquer l'amende (arrêts des 1er septembre 1832, 12 décembre 1834, 6 février et 12 juillet 1837, 25 février 1841 et enfin 24 décembre 1844; voir, pour le dernier, Lebon, page 682).

Lorsqu'un mur de clôture sujet à reculement, est converti en mur de façade par l'adjonction des constructions nécessaires pour la création d'un bâtiment, il n'y a pas lieu à démolition, quand ce mur ainsi transformé, n'a pas été conforté, encore bien qu'il y ait établissement d'une construction nouvelle sur une portion de terrain retranchable.

Mais il en serait autrement, si la nouvelle construction était établie en arrière du mur de clôture, et ne devait pas tomber avec lui, (arrêt du 23 décembre 1835).

5

Les propriétaires des édifices qui ne paraîtraient pas même devoir être assujétis à reculement, dans un temps plus ou moins éloigné, ne peuvent faire de nouvelles constructions, ni exécuter aucun ouvrage tendant à consolider, reconforter ou réparer ni murs de face, ni une partie quelconque de bâtiment touchant à une voie publique, sans avoir préalablement demandé et obtenu la permission de l'autorité compétente, en général du maire (1). (Cour de cassation, 7 août 1829. S. 29, 1, 294).

Plus tard, le 10 septembre 1832 (S. 33, 1, 590), la Cour s'est prononcée dans le même sens, en décidant qu'un tribunal de simple police ne peut se dispenser d'ordonner la démolition d'un mur donnant sur la voie publique, lorsqu'il reconnaît que des travaux ont été faits à ce mur, et cela, sous prétexte que ces travaux ne sont pas confortatifs, et qu'il n'existe pas de plan d'alignement arrêté, ni de prohibition réglementaire spéciale de l'autorité municipale. (Arrêt dans le même sens, 17 décembre 1836; S. 37, 1, 905).

Dans son ouvrage traitant de l'expropriation pour cause d'utilité publique, M. Gaud partage l'opinion de la Cour; voici en quels termes il s'exprime à ce sujet : « quelle que soit la destination, plus ou
» moins générale d'une voie publique ; que ce soit une grande route,
» un chemin vicinal de grande communication, un chemin vicinal,
» même un chemin public non déclaré vicinal, une rue, une place
» publique d'une ville, d'un bourg ou d'un village ; qu'il s'agisse de
» fonds situés dans l'intérieur des villes, bourgs ou villages, des fonds
» y attenant et en dépendant, ou de fonds qui en sont distancés ;
» toutes propriétés riveraines de ces diverses voies de communication,
» sont assujéties indistinctement à la servitude dont il s'agit, et l'ali-
» gnement ou l'autorisation s'applique aux constructions faites,
» comme aux constructions à faire (page 118). »

---

(1) Toutefois, le préfet peut, au refus du maire, et après l'en avoir requis, fixer lui-même un alignement demandé pour construire le long des rues ou des places dépendantes de la voirie urbaine (loi du 18 juillet 1857, article 15, arrêt du Conseil d'Etat du 25 janvier 1858).

Il résulte des dispositions du même arrêt que ce n'est que dans ce cas, et encore sur l'appel des parties contre un arrêté municipal, que les préfets ont le droit de statuer.

C'est ce qui résulte également des termes d'une lettre du ministre de l'intérieur, en date du 21 décembre 1837, au maire de la ville de Lesparre. Voici en substance ce que dit le ministre : – d'après les » réglemens de la voirie, il ne peut être exécuté de travaux à la » façade des maisons qui bordent la voie publique, sans autorisation » préalable.

« C'est une erreur de croire que cette obligation n'est imposée aux » propriétaires que pour les maisons qui, par suite d'un plan d'aligne- » ment, sont sujettes à reculement.

« Mais alors même qu'une maison est sujette à reculement, il y a » lieu d'autoriser le propriétaire à convertir en croisées, deux portes » de boutique, ouvertes dans le mur de face, parce que ces travaux » ne peuvent être considérés comme ayant un caractère confortatif. »

Quoiqu'il en soit, dans les départemens où l'arrêté réglementaire pris pour assurer l'exécution de la loi du 21 mai 1836, ne soumet les riverains qu'à demander l'alignement pour construction ou reconstruction sur les terrains qui joignent la voie publique, dans les traverses des chemins de grande communication ou sur les chemins vicinaux ordinaires, je pense que les tribunaux de simple police pourraient se refuser à condamner à la démolition, les propriétaires qui n'auraient fait qu'exécuter des réparations aux bâtimens, murs ou clôtures déjà existans, sans, au préalable, en avoir obtenu l'autorisation.

Lorsqu'un mur a été recrépi sans autorisation, c'est la destruction seulement du recrépissage qui doit être ordonnée, mais elle doit l'être, quelque minime qu'il paraisse au juge.

DISPOSITIONS GÉNÉRALES
APPLICABLES A TOUS LES ALIGNEMENS.

« L'existence des autorisations qui permettent de bâtir sur ou » joignant la voie publique, ne peut être établie que par écrit, ayant » date certaine, avant la construction, et un contrevenant ne peut » être admis à prouver par témoins, que cette autorisation lui a été » accordée. Le fait d'avoir élevé des constructions sur ou joignant

» la voie publique, sans en avoir préalablement obtenu, par écrit,
» l'autorisation, ne peut être excusé par le motif que l'alignement
» aurait été donné verbalement. » (Avis du comité de l'intérieur du
Conseil d'Etat du 14 novembre 1823 ; arrêts de la Cour de cassation
des 19 et 31 juillet 1838 ; école des communes, page 157, 1840.)

Les propriétaires riverains s'exposeraient donc, en faisant une construction quelconque, sans être parfaitement en règle. Non-seulement
ils doivent demander une autorisation écrite (1), mais encore ils doivent s'assurer que cette autorisation donnée sous forme d'arrêté, a été
transcrite sur le registre à ce destiné (2).

Nous n'avons parlé jusqu'à présent, que des propriétaires riverains ;
mais les ouvriers qu'ils emploient sont, comme eux, passibles d'une
peine de police, quand ils effectuent des constructions sur la voie
publique, sans s'être préalablement assurés que le propriétaire pour
le compte duquel ils travaillent, a obtenu l'autorisation exigée ; ils ne
peuvent être renvoyés des poursuites, sur le motif qu'ils n'ont contre-
venu à l'arrêté de l'autorité municipale, que par l'ordre du propriétaire, et que, hors le cas où l'intention de nuire est évidente, l'ouvrier
n'est pas autorisé à vérifier les droits du maître à l'œuvre auquel il
l'emploie. (Arrêt de la Cour de cassation du 12 novembre 1840.)

MM. les Maires, pour leur propre tranquillité, et, dans l'intérêt de
leurs administrés, ne devraient jamais négliger de remplir, à cet égard,
toutes les formalités prescrites, puisque, comme nous venons de le
voir, le défaut d'accomplissement d'une seule, peut donner lieu aux
plus graves inconvéniens, surtout en présence des termes de l'arrêt du
Conseil d'Etat du 16 juillet 1840, qui décide *que l'existence de constructions élevées sans autorisation et sujettes à reculement*, constitue
une infraction permanente dont la répression peut être poursuivie,
quel que soit le temps écoulé depuis leur établissement.

---

(1) Aux termes de l'article 24 de la loi du 13 brumaire an 7, MM. les Maires
ne pouvant donner d'expéditions de leurs actes, que sur du papier au timbre de
1 fr. 25 cent., ils s'exposeraient à encourir une amende, s'ils délivraient, sur
papier ordinaire, une autorisation de construire sur ou joignant la voie publique.

(2) Ils feraient encore mieux, en exigeant une expédition de l'arrêté.

Seulement, dans le cas où la contravention serait antérieure de plus d'une année au procès-verbal, par lequel elle aurait été constatée, il n'y aurait pas lieu d'appliquer l'amende, le propriétaire profitant du bénéfice de l'article 640 du code d'instruction criminelle. (Cour de cassation, 23 mai 1835; Conseil d'Etat, 23 décembre 1844, Lebon, page 668.) ·

Celui-là fait un usage licite de sa propriété, qui travaille dans l'intérieur de l'enceinte que forme la clôture extérieure du mur de façade de son bâtiment sur la voie publique, et il n'est assujéti à aucune action de la part de la police. (Cassation, arrêts du 25 juillet 1829; S. 29, 1, 302, du 24 novembre 1837; S. 37, 1, 962, et du 17 mai 1838; S. 38, 1, 932.)

Toutefois, si les constructions élevées étaient faites dans le but de remplacer la clôture ancienne, de se soustraire ainsi aux effets de la servitude légale dérivant de l'exécution d'un plan d'alignement, elles constitueraient une contravention, et les tribunaux de police ne pourraient se dispenser de prononcer l'application des peines d'amende et de démolition encourues dans les cas ordinaires. (Cassation, arrêts du 4 mai 1833; S. 33, 1, 465 et du 25 juillet 1829 déjà cité; M. Gand, page 467.)

Ces décisions sont conformes à la jurisprudence constante du Conseil d'Etat, de laquelle il résulte que l'on peut, sans autorisation préalable, exécuter des travaux dans l'intérieur des maisons bordant les routes, même sur la partie retranchable, pourvu que ces travaux ne confortent pas le mur de face; mais que l'administration a le droit, en tout temps, de vérifier si ces travaux faits, sans autorisation préalable, ont un caractère confortatif; et, dans ce cas, la démolition doit être ordonnée. (Arrêts des 1er septembre 1832, 12 décembre 1834, 6 février et 12 juillet 1837, et enfin 25 février 1841.) (1)

---

(1) Je dois dire, à cette occasion, que les tribunaux saisis d'une action en contravention à un alignement, résultant de travaux prétendus confortatifs, n'ont pas qualité pour vérifier la nature de ces travaux. (Cassation, arrêt du 16 juillet 1840; S. 40, 1, 745.)

Mais, si le prévenu oppose que les travaux ne sont pas confortatifs, le tribunal peut surseoir jusqu'à ce que l'administration ait prononcé sur l'exception préjudicielle. (Arrêt du 27 février 1837; S. 38, 1, 95; M. Gand, page 466; arrêt dans le même sens, 17 janvier 1840.)

Il semblerait résulter de là que les peines d'amende ou de démolition ne sont encourues, que dans le cas où il existe un plan d'alignement arrêté ; c'est en effet , dans ce cas là seulement, que les propriétaires peuvent être considérés comme ayant agi en vue d'éluder les prescriptions de la loi ; mais je pense que cette conséquence implicite ne serait pas admise par les tribunaux qui , à défaut de réglement spécial, prononcent conformément à l'ordonnance de 1607.

Il peut arriver qu'un propriétaire se croie autorisé à construire, sans autorisation préalable, parce que sa construction donnerait à la rue plus de largeur qu'elle n'en avait précédemment ; ce serait une erreur : il y aurait toujours contravention, sinon à un alignement donné, du moins aux dispositions de l'ordonnance de 1607. (Cassation, arrêts des 5 octobre 1834. S. 35, 1, 239 et 15 mai 1835. S. 35, 1, 801), et le tribunal de police qui prononce une amende contre un individu qui a fait exécuter, sans autorisation du maire, des travaux confortatifs à la façade de sa maison, située sur la voie publique, ne peut, en se fondant sur ce que cette maison se trouve *en retraite* de l'alignement arrêté, se dispenser d'ordonner la destruction des travaux. (Cour de cassation , arrêt du 26 septembre 1840).

Le Conseil d'Etat a prononcé dans le même sens (17 juin 1818, S. 18, 2, 327), en décidant qu'il ne suffit pas qu'une construction nouvelle, faite sans autorisation préalable, fût en dehors de l'alignement pour échapper à la démolition ; il *faudrait qu'elle fût sur la ligne même indiquée.* (1)

Il peut arriver qu'il n'y ait pas d'alignement déterminé, et, dans ce cas là, l'autorité municipale, qui aurait fait constater la contravention, pourrait toujours prétendre que la construction n'est pas établie sur la ligne qui aurait été tracée, si le propriétaire avait demandé l'autorisation de construire, et le juge de paix devrait, à la rigueur, comme

(1) Le Conseil d'Etat est revenu sur cette décision et sur celle du 26 juillet 1857 , ainsi que le constatent trois arrêts des 29 juin 1842. — Lebon , page 526 , 15 mars 1844, page 157, et 6 décembre suivant, page 618, desquels il résulte *que , si les limites d'une route sont déterminées d'une manière invariable , de sorte qu'il ne puisse exister aucune incertitude , à ce sujet, pour les propriétaires riverains, une construction en arrière de l'alignement, faite sans autorisation, ne peut constituer une contravention aux réglemens de la voirie.*

nous l'avons dit précédemment, prononcer les peines prévues ; mais il nous paraîtrait faire un acte de prudence, en accordant au contrevenant, le délai nécessaire pour soumettre la question au Préfet, à qui, comme on le sait, le droit de réformation est attribué par l'article 46 du titre 1er de la loi du 22 juillet 1791.

Voici, en ce qui concerne spécialement les chemins vicinaux, une discussion approfondie de la question ; je l'emprunte au *Courrier des Communes.*

« Quel est le droit des maires en ce qui concerne les alignemens à » donner sur les chemins vicinaux ?

» Avant la loi du 21 mai 1836, les chemins vicinaux ou commu-
» naux appartenaient tous sans distinction à la petite voirie, et, à ce
» titre, se trouvaient placés indistinctement dans les attributions des
» Maires. Ainsi ces magistrats réglaient seuls, sauf recours devant
» l'autorité supérieure, tout ce qui concernait les alignemens deman-
» dés pour les constructions à faire sur les chemins vicinaux.

» Cet ordre de chose se trouvait établi par les lois des 14 décembre
» 1789 et 24 août 1790, qui chargent les corps municipaux, de la
» police des rues et chemins, par la loi du 28 pluviose an VIII qui
» charge le maire seul de l'administration de la commune, enfin par
» la loi du 16 septembre 1807, qui confiait aux maires le soin de
» prendre des arrêtés pour les alignemens des rues ne faisant point
» partie d'une route royale ou départementale, et par extension, pour
» l'alignement des chemins vicinaux.

« Il n'en est pas de même aujourd'hui, sous l'empire de la loi du
» 21 mai 1836.

» Cette loi établit une distinction entre les chemins de grande et
» petite communication. »

Voici ce que dit, à ce sujet, M. le ministre de l'intérieur dans son instruction du 24 juin 1836 :

.... « *Quant aux chemins vicinaux de petite communication, vous
» pouvez laisser aux Maires le droit de donner des alignemens,
» sous la réserve de l'approbation du sous-préfet, qui examinera
» si la largeur légale du chemin a été respectée.*

» D'après ces instructions, les préfets ont partout abandonné aux

» Maires le soin de régler les alignemens sur les chemins vicinaux de
» petite communication, mais en leur traçant la marche qu'ils de-
» vaient suivre tant pour conserver aux chemins la largeur légale, que
» pour préserver ces voies publiques de tout dommage, et aussi, en
» soumettant les arrêtés municipaux en cette partie, à l'approbation
» du sous-préfet.

....» Le ministre de l'intérieur, dans l'instruction précitée, a invité
» les préfets à veiller à ce que les maires publient dans toutes les
» communes, dans les formes accoutumées, un arrêté (1) portant
» défense de construire aucun bâtiment ou mur le long d'un chemin
» vicinal, sans avoir demandé l'alignement. *Il sera utile*, dit le
» ministre, *que les maires étendent la défense aux rues des bourgs*
» *et villages, ce qui leur permettra d'y exercer cette partie de*
» *leurs attributions dans toute leur étendue.*

....» Mais, lorsque conformément à ces instructions, un arrêté a
» été pris par le maire, pour interdire de bâtir sur les chemins vici-
» naux, sans avoir préalablement obtenu l'alignement, celui qui bâti-
» rait, sans avoir rempli cette formalité, commettrait une contraven-
» tion passible d'une peine de police, lors même qu'il n'aurait pas
» empiété sur le sol du chemin vicinal.

» Ces principes posés, venons maintenant à leur application et
» supposons qu'un propriétaire riverain, pour se conformer aux
» prescriptions d'un arrêté municipal, ait demandé l'alignement ; cet
» alignement lui est donné par le maire, mais sur son recours, le
» préfet annule la décision du Maire.

» Quelle sera l'obligation du propriétaire dans cette nouvelle cir-
» constance ?

» Ici nous devons faire une distinction importante. Ou bien l'arrêté
» pris par le Maire est annulé purement et simplement, ou bien le
» préfet y substitue un nouvel alignement. Dans ce dernier cas, il est
» évident que c'est l'alignement donné par le préfet qui devra être
» suivi, car c'est aux préfets que l'article 21 de la loi du 21 mai

---

(1) Voir le modèle de cet arrêté, n° 6.

» 1836, confère le droit de statuer sur tout ce qui concerne les ali-
» gnemens sur les chemins vicinaux. Les maires, par la délégation des
» préfets, peuvent bien être investis du même droit, mais au moins
» ne le peuvent-ils que sous l'autorité du préfet, de sorte que c'est le
» préfet seul qui statue, quand il le juge nécessaire.

» Si le préfet s'était contenté d'annuler l'arrêté du maire, sans le
» remplacer par un autre, les choses seraient remises au point où elles
» étaient avant l'arrêté d'alignement. Le propriétaire se trouverait dès
» lors dans la nécessité de solliciter un nouvel alignement, et s'il
» négligeait de remplir cette formalité, il se rendrait passible des
» peines de police qu'encourent ceux qui enfreignent un arrêté mu-
» nicipal.

» Ainsi, en nous résumant, nous donnerons à la question proposée
» la solution suivante :

» 1° Ce sont aujourd'hui les préfets qui statuent sur les alignemens
» relatifs aux chemins vicinaux.

» 2° Lorsque l'arrêté d'alignement pris par le maire, a été modifié
» par le préfet, c'est la décision du préfet qui seule fait la règle.

» 3° Lorsque l'arrêté du maire a été annulé purement et simple-
» ment par le préfet, le maire doit prendre un nouvel arrêté; jusque
» là il n'y a pas d'alignement donné, et le propriétaire qui aurait bâti
» en un tel état de choses, devrait être traduit, pour ce fait, devant le
» tribunal de simple police. »

Une fois la question d'alignement proprement dite terminée, reste
à régler l'indemnité due à un propriétaire forcé à reculer ses constructions, ou dont il est débiteur, dans le cas contraire, c'est-à-dire, s'il
se trouve dans l'obligation d'avancer sur la voie publique.

Jusqu'ici, j'ai remarqué que l'on n'a pas suivi de règle fixe à cet
égard. On comprend facilement qu'il ait pu en être ainsi pendant assez
longtemps; mais, depuis quelques années, on aurait pu agir plus
régulièrement qu'on ne l'a fait, surtout en présence des termes si précis de l'instruction du 23 août 1841.

Quand il s'agit d'alignement sur des chemins vicinaux, la question
se simplifie essentiellement, parce qu'il n'y a pour la résoudre, qu'à
appliquer les dispositions des articles 15 et 19 de la loi du 21 mai, en

réglant l'indemnité, soit à l'amiable, soit en provoquant une expertise conformément aux dispositions du 2ᵉ § de l'article 17.

Dans cette circonstance, le juge de paix doit prononcer sur le rapport des experts, en ce qui concerne le prix du sol seulement, et le conseil de préfecture pour tout ce qui est relatif aux dommages accessoires qui peuvent résulter de l'élargissement ou de l'expropriation, pour des communications interrompues, par exemple, pour des plantations, des clôtures et des murs de soutènement détruits, et dont la destruction compromettrait la solidité des bâtimens et des terres environnantes. (Art. 4 de la loi du 28 pluviôse an VIII, Conseil d'Etat, arrêts des 19 octobre 1825, 15 juillet 1841, 12 janvier et 27 novembre 1844). (1).

Mais il en est autrement pour les terrains délaissés ou cédés dans les rues, ou sur les places dépendant de la voirie urbaine (2), par suite de l'exécution des alignemens arrêtés ; en cas de contestation sur le chiffre de l'indemnité, c'est au jury d'expropriation qu'il appartient de prononcer. (Avis du Conseil d'Etat, du 1ᵉʳ avril 1841).

Dans cette circonstance, le préfet devrait approuver l'arrêté de l'autorité municipale, afin de satisfaire aux prescriptions de l'avant-dernier paragraphe de l'article 2 de la loi du 3 mai 1841. Ce magistrat demanderait ensuite au tribunal acte de cette production, par l'intermédiaire du ministère public, et requerrait la nomination du magistrat directeur du jury.

C'est donc à tort que, dans certaines communes, on fixe, en conseil municipal, le prix à payer aux riverains ou à recevoir d'eux, pour le terrain qu'ils cèdent ou qu'on leur cède.

Tant qu'il ne s'élève pas de difficultés de la part des intéressés, il n'y a nul inconvénient à agir ainsi ; mais il faut qu'il soit bien entendu,

---

(1) Voir page 51.

(2) Je dis : *dépendant de la voirie urbaine*, parce qu'il y a des rues qui, comme prolongement des chemins vicinaux de grande communication, doivent, aux termes d'un avis du Conseil d'Etat du 25 mars 1857, être considérées comme faisant partie intégrante de ces chemins et soumises aux règles qui leur sont applicables ; d'où il résulte que l'intervention du jury n'est nécessaire que quand il s'agit du règlement des indemnités dues par les riverains, pour les terrains délaissés par suite des alignemens arrêtés.

pour que les choses se fassent régulièrement, *que si un arrangement se conclut, d'après les bases établies par le conseil municipal, c'est parce que les propriétaires intéressés y trouvent leur avantage, ou qu'ils préfèrent la voie amiable à une contestation qui occasionnerait des frais et des dérangemens.*

On paraît généralement croire, dans la plupart des communes, que les réglemens de voirie ne devraient avoir pour effet, que d'assurer la largeur légale des chemins et non de procurer la régularité des alignemens; nous pensons que c'est une erreur : l'alignement ne doit pas être seulement un moyen d'obtenir l'élargissement des traverses ou de rues quelconques ; il doit avoir pour effet d'assurer leur embellissement et leur régularité ; telles sont, au moins, les dispositions de l'édit de 1607, qui prescrit au grand voyer, en donnant les alignemens, *de redresser les murs où il y a plis ou coudes, et de pourvoir à ce que ces rues s'embellissent, s'élargissent au mieux que faire le pourra.*

Mais, il n'est guère possible d'atteindre ce but sans un plan d'alignement qui fixe, d'une manière invariable, les largeurs et les directions des rues, parce que le maire qui peut aujourd'hui donner un alignement d'après ses vues particulières, se trouvera demain dans l'impossibilité de le faire, sans se créer des embarras inextricables. Si, par extraordinaire, un maire a assez de force pour résister aux obsessions dont il sera accablé, pour suivre les bases du plan qu'il aura adopté, il viendra un peu plus tôt ou un peu plus tard à cesser ses fonctions, et son successeur sera libre d'adopter un système tout contraire ; il est naturel de conclure de là qu'un plan d'alignement est indispensable, dans une commune où l'on tient à rendre la tâche de l'administration plus facile, où l'on désire en même temps voir régner la concorde et l'union, où l'on veut enfin se soustraire à des actes arbitraires.

Les conseils municipaux refusent souvent d'allouer les fonds nécessaires pour la confection d'un plan d'alignement, sous prétexte que les communes n'ont pas de ressources suffisantes. Je dirai, à cet égard, que ce motif de refus n'est que spécieux, parce qu'il n'y a pas de commune si pauvre qu'elle soit, qui ne puisse subvenir aux frais qu'occasionne la confection d'un plan d'alignement.

A défaut de ressources ordinaires, d'ailleurs, elles peuvent s'en créer, en établissant des droits de voirie ; toutefois, ces perceptions ne peuvent être autorisées que par des ordonnances royales. (Loi du 18 juillet 1837 ; articles 31 et 43).

Ces droits de voirie peuvent être établis pour toutes les saillies et tous les alignemens en général.

En ce qui concerne les gouttières saillantes, peu d'administrateurs me paraissent connaître leurs droits ; car je remarque que l'on construit partout, sans qu'il soit fait une seule observation aux propriétaires ; cependant, MM. les maires peuvent en demander la suppression (arrêt de la Cour de cassation du 14 octobre 1843) ; ou bien, comme nous venons de le dire, faire payer un droit, au profit des communes, par les riverains qui voudraient en établir à l'avenir ou conserver celles qui existent.

Plantations. — Si les limites de tous les chemins étaient tracées d'une manière invariable, il n'existerait pas la moindre difficulté en ce qui concerne les plantations, puisqu'il ne s'agirait plus que d'observer les distances fixées dans chaque département (1) tant pour les haies vives que pour les arbres de haute tige ou autres ; mais il y a peu de chemins dont les limites réelles soient exactement déterminées ; aussi, je crois donner un bon conseil aux propriétaires riverains de voies publiques quelconques, en les engageant à ne jamais faire de plantations, sans en avoir obtenu l'autorisation, *par écrit.*

Ce que nous avons dit pour les alignemens, s'applique implicitement aux plantations à faire le long des chemins, places, etc., mais principalement quand il s'agit de clôtures.

Toutes les plantations faites avant la promulgation de la loi, doivent être tolérées (circulaire du ministre de l'intérieur du 24 juin 1836). Seulement, dans le cas où elles penchent sur la voie publique, elles doivent être abattues (2) ; car elles constituent une contravention

(1) Les haies vives doivent ô're plantées à 0m,50 c. du bord des chemins ou des fossés qui les bordent ; les arbres de haute tige à 2m,00 et les arbres fruitiers à 5m,00 ; c'est, excepté pour ce dernier cas, l'application des dispositions de l'article 671 du code civil.

(2) Il n'y a pas toujours nécessité d'abattre les arbres qui penchent sur la voie publique, mais il suffit de couper le tronc à l'endroit où il commence à dépasser la ligne d'aplomb correspondant au bord extérieur du chemin ou du fossé.

punissable par les tribunaux de simple police. (Arrêt de la Cour de cassation du 22 juillet 1837).

Cette règle s'applique , à plus forte raison, aux arbres existant sur le sol même des chemins, quel que soit le laps de temps écoulé depuis leur plantation. A défaut de réglement particulier, on doit s'en rapporter aux termes bien précis de l'article 555 du code civil (1).

Mais , ainsi que nous venons de le dire, il y a peu de chemins et de voies publiques, en général, dont les limites soient certaines, ou au moins à l'occasion desquelles il ne puisse s'élever de sérieuses difficultés entre les riverains et la commune.

Dans les traverses, par exemple , dans les rues ou sur les places publiques, il existe des terrains non clos , que la plupart des riverains prétendent avoir laissés en construisant leurs murs ou leurs bâtimens, et sur lesquels se trouvent des plantations ; de leur côté , les communes revendiquent généralement la propriété de ces terrains, et exigent, par conséquent, l'abattage et l'enlèvement des arbres qui peuvent y avoir été plantés ; de là proviennent les difficultés, et j'avoue que, pour mon compte, je me serais trouvé fort embarrassé , à ce sujet, si je n'avais connu les termes de l'arrêt de la Cour de cassation, du 21 mai 1838, duquel il résulte, comme nous l'avons déjà dit (2) , que , dans cette circonstance , il y a présomption légale en faveur des communes, et que, à défaut de titre contraire , elles doivent être reconnues propriétaires de ces terrains considérés dès lors comme dépendant de la voie publique et par conséquent imprescriptibles (3).

Avant de s'exposer à des poursuites judiciaires, pour refus d'abattage, les riverains devraient donc bien s'assurer s'ils sont en mesure de

---

(1) La plupart des réglemens faits pour l'exécution de la loi du 21 mai 1836, contiennent des dispositions très explicites à cet égard.

(2) Page 15.

(3) Peu de temps après que cet arrêt de la Cour fût connu, j'eus occasion d'en discuter les motifs, avec un président de tribunal de première instance, qui se prétendait propriétaire d'une étendue de terrain assez considérable existant le long des murs de l'ancienne abbaye de Montebourg (Manche), en dehors des limites du chemin. Ce magistrat me déclara qu'il se croyait bien légitimement propriétaire de ce terrain , mais qu'il lui serait difficile de le prouver par titre, qu'en conséquence il abattrait les arbres qui s'y trouvaient plantés.

prouver leurs droits. Comme je sais par expérience qu'il est généralement difficile, dans cette circonstance, d'administrer des preuves
irrécusables, on ne saurait trop recommander aux populations de ne
pas engager, à ce sujet, de luttes dont les suites leur seront rarement
profitables.

Je ne terminerai pas ce qui a rapport aux plantations, sans faire une
remarque importante, à propos des distances que l'on doit observer,
pour en établir le long des chemins et, en général, des voies publiques
quelconques.

On a cru qu'une fois une propriété close, il était permis aux riverains de planter à telles distances du chemin, qu'il leur paraissait convenable; je pense que c'est une erreur. Les dispositions de l'article 671
du code civil, qui doivent servir de règle, à défaut de réglement
spécial, sont absolues. Il en est de même de celles des réglemens généraux faits dans tous les départemens : il n'y a aucune restriction.
D'où il résulte que le droit de réglementer les plantations le long de la
voie publique est absolu, quel que soit l'état des propriétés riveraines.

On comprend du reste, que, si un champ, un jardin se trouvait
clos par un mur de 3m,00 d'élévation, par exemple, il n'y aurait pas
lieu de s'opposer à ce que le propriétaire plantât des arbres fruitiers,
qui ne s'élèvent généralement qu'à 3 ou 4 mètres de hauteur, à une
distance moindre que celle que nous avons indiquée. Ce serait, en
effet, ne voir que la lettre de la loi, quand on doit s'attacher surtout à
l'esprit; car, comme on le sait : la lettre tue, l'esprit vivifie.

C'est ainsi que l'on doit agir, en tolérant ce qui ne peut occasionner
de dommages. Si la loi donne de la force pour faire le bien, il ne faut
pas se montrer trop absolu; il faut, au contraire, que les administrateurs agissent de manière à ce que l'on ne puisse jamais leur adresser
le reproche d'avoir exigé ce qui n'était pas nécessaire, sinon dans
l'intérêt de tous, du moins dans celui du plus grand nombre.

Elagage. — L'ombrage que projettent les plantations existant sur le
bord des chemins, en empêchent l'asséchement, les rend, par conséquent, difficiles à entretenir, et occasionne généralement en pure perte,
de grandes dépenses aux communes; il est donc important de veiller à
ce que, sur toutes les voies publiques, les haies et les arbres soient

coupés de manière à ce qu'aucune branche ne dépasse la ligne d'aplomb correspondant au bord extérieur du chemin ou du fossé. Il est également indispensable que les haies soient réduites à une hauteur telle qu'elles n'interceptent pas les rayons du soleil, pendant les trois quarts de la journée et qu'elles n'empêchent pas en tout temps la circulation de l'air (1).

A cet égard, l'administration a des droits qui n'ont jamais été mis en question ; mais elle doit veiller avec soin à ce que ses prescriptions ne puissent être éludées.

Il en est de même du récépage des racines qui avancent sur la voie publique, qui la rétrécissent et gênent la circulation.

Si les droits de l'administration ne sont jamais contestés, tant qu'il est question des chemins considérés dans les limites déterminées par les arrêtés de classement, il en est autrement quand il s'agit des haies qui se trouvent en arrière des limites assignées au chemin. Cependant, le droit de l'administration reste entier dans ce cas là comme dans l'autre, puisque aux termes de l'article 6 de la loi du 9 ventôse an XIII (2), l'on ne doit faire aucun changement aux chemins qui excèdent la largeur de 6m,00, à moins qu'il n'en ait été autrement ordonné, et qu'ainsi, une voie publique, quelque largeur qui lui ait été attribuée par l'arrêté du classement, n'a pu perdre son caractère dans aucune de ses parties, qu'après l'accomplissement des formalités nécessaires.

Jusque-là, elle est entièrement voie publique et doit, par conséquent être régie par les lois spéciales.

Mais, en admettant même qu'il pût en être autrement, on pourrait toujours exiger l'élagage des arbres et des haies et le récépage des racines, et cela conformément aux dispositions de l'article 672 du code civil, parce que l'on rentrerait alors dans le droit commun.

C'est là un principe de saine raison, qui cependant est souvent contesté.

---

(1) Dans la plupart des départemens, on a pris de sages mesures à cet égard, en ordonnant aux riverains de réduire leurs haies à 1m,40 c. au-dessus du sol naturel des terrains adjacens, quand le chemin se trouve en contre bas, et à 1m,50 c. au-dessus des chemins, dans le cas contraire.

(2) Pages 14 et 15.

Écoulement des eaux. — Dans son instruction du 24 juin 1836 M. le ministre dit « que l'écoulement des eaux est une matière qui » peut difficilement être réglementée par voie de dispositions générales. Il ajoute « que le code civil contient, à cet égard, des principes dont » il n'est pas permis de s'écarter. »

Il n'entre pas dans mon plan d'essayer à donner le développement de ces principes; je suis bien loin, d'ailleurs, d'avoir les connaissances nécessaires pour traiter convenablement cette question.

Je ne m'en occuperai donc que pour rapporter quelques décisions des cours souveraines, qui réglent, pour certains cas spéciaux, les droits respectifs de l'administration et des riverains.

J'ai déjà eu occasion, d'ailleurs, de dire un mot à ce sujet (1); c'était là le point essentiel, car c'est à la mesure dont j'ai prouvé la légalité, que nous devrons principalement d'avoir de bonnes voies de communication dans les endroits où les eaux sont abondantes et où les chemins se trouvent ou au niveau ou au-dessous des terrains adjacens.

Voici pour quelques cas particuliers de la question ou qui s'y rattachent indirectement, les décisions intervenues à diverses époques :

« Un préfet peut homologuer un arrêté municipal prescrivant au » propriétaire d'un moulin, dont le canal de décharge longe un che- » min, de réparer ce canal à ses frais, de reconstruire le mur » de soûtènement du chemin et d'établir un parapet; ce sont là des » mesures de police et de sûreté qui n'excèdent pas sa compétence, » et qui, en conséquence, ne peuvent être déférées au Conseil d'Etat » avant d'avoir été soumises au ministre de l'intérieur. (Conseil » d'Etat, 4 juin 1823.)

» Lorsqu'une route jouit pour son assainissement, d'une servitude » d'écoulement d'eaux, au travers des murs d'une propriété privée, » au moyen de tuyaux, le propriétaire de ces murs ne peut bou- » cher les tuyaux et intercepter ainsi le passage des eaux. (Conseil » d'Etat, 6 septembre 1826.)

» Lorsqu'un propriétaire fait refluer les eaux pluviales d'une route,

(1) Pages 10 et 11.

» par des travaux exécutés sur son fonds et qu'il occasionne ainsi des
» dégradations, il commet une contravention. (Conseil d'Etat, 25
» avril 1833.)

» L'usage, même immémorial, où est un propriétaire de se servir
» des eaux qui coulent le long d'un chemin vicinal, ne l'autorise pas à
» les y faire déverser, en les dérivant de leur cours naturel, afin d'ar-
» roser son héritage.

» La dégradation de ce chemin, provenant du déversement de ces
» eaux, constitue une contravention. (Cour de cassation, 3 octobre
» 1835.)

» L'administration a toujours le droit et le devoir, nonobstant la
» possession même quarantenaire et les jugemens passés en force de
» chose jugée, de régler la hauteur des eaux, de manière à ce qu'il
» n'en résulte préjudice pour personne (1), et d'ordonner les travaux
» propres à faire cesser tout dommage public. (Conseil d'Etat, 13 et
» 20 février 1840.) (2).

» L'administration non plus ne peut être obligée à souffrir sur les
» routes, le jet des eaux ménagères et industrielles, par la raison
» qu'il pourrait arriver fréquemment que, privées d'un écoulement
» régulier, ces eaux, en s'accumulant, y compromettraient la viabi-
» lité et la salubrité, qui sont les deux premiers besoins des voies de
» communication. » (Traité de la législation des travaux publics et de
la voirie en France, par M. Armand Husson.)

La plupart des réglemens généraux sur l'exécution de la loi du 21
mai 1836, contiennent de sages dispositions à ce sujet. Si l'on veille
avec soin à leur exécution, en évitant, toutefois, d'aggraver la servitude des fonds intérieurs, on pourra satisfaire à toutes les exigences
de salubrité et d'une bonne viabilité.

J'ai plusieurs fois obtenu le détournement du lit d'une rivière ou
d'un ruisseau, pour des motifs de convenance ou de régularité; jamais

---

(1) Et à plus forte raison pour une commune, en ce qui concernerait les chemins.

(2) Voir à ce sujet les lois des 12-20 octobre 1790, 28 septembre 1791,
l'arrêté du 19 ventôse an 6, la loi du 14 floréal an XI, et les articles 644 et 645
du code civil.

les propriétaires intéressés ne m'ont fait à ce sujet aucune opposition ; mais j'ai toujours partagé, sous ce rapport, l'opinion émise par MM. Bannerot, avocat, et Hogard, agent-voyer, directeur des Vosges, dans l'ouvrage remarquable qu'ils viennent de publier sous le titre de *Code annoté des chemins vicinaux.*

On lit dans cet ouvrage, pages 155 et 156, n° 59 : « M. de » Cormenin pense que le préfet est compétent pour provoquer, pour » cause d'utilité régulièrement constatée, sauf indemnité, s'il y » a lieu, le changement du lit actuel d'un ruisseau ou la cession d'une » usine. » (*Droit administratif*, p. 552.)

Les auteurs rapportent, à l'appui de cette citation, un jugement du tribunal du Hâvre, confirmé par la Cour royale de Rouen, le 6 juin 1836, par lequel on reconnait au Préfet de la Seine-Inférieure, le droit, sauf indemnité, d'ordonner que les eaux de la route royale de Paris au Hâvre, dans la traverse du bourg d'Ingouville, soient dirigées dans un fossé ouvert sur une propriété particulière (1).

Ils concluent de là (page 158) ; 1° *que le préfet, pour le bon entretien, pour la conservation, pour la construction des chemins vicinaux, a le droit d'ordonner les changemens du lit d'un ruisseau ;*

2° *Qu'il y a lieu à indemnité, lorsque ce changement occasionne un dommage, un préjudice, soit permanent, soit temporaire ;*

3° *Que, lorsque le dommage est permanent, il doit être apprécié, et l'indemnité fixée par les tribunaux, et que lorsqu'il est temporaire, il doit être apprécié par le conseil de préfecture.* C'est ce qui résulte encore des termes de l'arrêt rapporté ci-dessous.

Fossés. Quand il s'agit seulement de l'établissement de nouveaux fossés, le long des chemins vicinaux, il ne peut exister la moindre difficulté ; les droits de l'administration, à cet égard, sont nettement établis. Voici, en effet, ce que dit à ce sujet, le ministre de l'intérieur dans son instruction du 24 juin 1836 :

« L'établissement de fossés, le long des chemins vicinaux, est » presque partout une condition inséparable de tout système d'entre-

---

(1) Le Conseil d'Etat a prononcé dans le même sens, par arrêt du 6 décembre 1844. (Lebon, page 649.)

» tien des chemins......... L'administration avait pourtant été en-
» travée, jusqu'à présent, pour ordonner l'établissement des fossés.

 » La loi du 21 mai 1836 a rempli une lacune dont le service des
» chemins vicinaux avait trop à souffrir. En attribuant aux préfets, le
» droit de donner aux chemins vicinaux, toute la largeur qui leur est
» nécessaire, la loi leur a évidemment permis de comprendre dans
» les limites de ces voies de communication, les terrains nécessaires
» pour les fossés, partout où il sera indispensable d'en creuser (1).
» Ce n'est donc pas simplement comme annexes, c'est comme parties
» intégrantes du chemin, que les fossés doivent être considérés. Ils
» font partie du sol, et les anticipations qui tendraient à les rétrécir,
» à les faire disparaître, doivent être poursuivies de la même manière
» que l'usurpation sur le sol même des chemins. »

 Ces dispositions sont tellement précises, qu'il ne peut y avoir lieu
à aucune incertitude à ce sujet. Mais il n'en est pas ainsi, pour les
fossés existant le long des chemins, de temps immémorial, dans les
pays de bocage surtout.

 Doit-on, dans ce cas, s'en rapporter entièrement aux dispositions des
articles 666, 667 et 668 du code civil? Je ne le pense pas, et je ne
suis pas le seul de cet avis.

 Dans une circulaire du 27 plairial an XIII, le ministre de l'intérieur disait que les fossés bordant les chemins et les routes en général,
faisaient partie de ces chemins ou routes. D'un autre côté, je lis ce
qui suit dans le *Courrier des Communes* :

 « Les fossés longeant un chemin vicinal et le limitant à droite et à
» gauche dans le sens de sa longueur, ne forment qu'une dépendance
» du chemin, et sont, comme lui, la propriété de la commune, à
» moins qu'il n'y ait titre contraire, ou possession suffisante pour en
» opérer la prescription (2). » 1834, page 326; 1835, page 327;
1838, page 306.

---

(1) On verra tout à l'heure que, même avant la promulgation de la loi du
21 mai 1836, les préfets avaient le droit, suivant la jurisprudence du Conseil
d'Etat, de comprendre dans le classement des chemins, non-seulement les chemins eux-mêmes, mais encore les fossés.

(2) Nous avons dit, page 15, que les chemins vicinaux sont imprescriptibles
dans toute leur étendue. On ne peut donc invoquer la prescription plutôt pour
les fossés que pour toute autre partie quelconque de ces chemins.

Il résulte, d'ailleurs, des termes d'un arrêt du Conseil d'Etat du 30 juin 1839, que même avant la loi du 21 mai 1836, l'administration avait le droit, comme depuis, de comprendre dans le classement des chemins, non-seulement les chemins eux-mêmes, mais encore les fossés.

D'où je crois que l'on peut conclure que les fossés existant le long des chemins vicinaux, lors de la promulgation de la loi du 21 mai 1836, faisaient généralement partie intégrante des chemins, et qu'ils sont bien la propriété des communes, s'il n'y a titre contraire (1).

---

(1) Nous avons vu que c'est là l'opinion émise par les rédacteurs du *Courrier des Communes*, mais je citerai un autre fait qui servira à prouver que cette opinion est partagée.

Il s'agit d'une décision du Préfet de la Manche, qui écrivait le 18 janvier 1843, dans les termes suivans, à M. le Sous-Préfet de Valognes :

Monsieur le Sous-Préfet,

« M. le Maire de Saint-Germain-de-Varreville, vous a consulté sur la ques-
» tion de savoir si le propriétaire d'un terrain au travers duquel on a passé pour
» le redressement d'un chemin vicinal, est subrogé aux droits de la commune,
» lorsqu'on lui a cédé la portion du chemin abandonné, c'est-à-dire, s'il a
» droit *jusqu'au pied de la plante de son voisin.*

» Vous avez pensé, Monsieur le Sous-Préfet, que cette question devait être
» résolue affirmativement, et je partage entièrement l'opinion que vous avez
» émise et dont vous avez déduit les motifs dans votre avis du 28 décembre
» dernier.

Voici cet avis :

» Le Sous-Préfet de Valognes ;
» Vu les dispositions de l'ordonnance du 28 mai 1714 et de la loi du
» 6 octobre 1791 ;
» Vu le projet de code rural ;
» Considérant que les fossés longeant les chemins vicinaux ont toujours été
» regardés comme faisant partie intégrante de ces chemins et appartenant aux
» communes ;
» Considérant que, quand on établit un chemin, il est d'usage général de
» pratiquer des fossés de chaque côté pour l'écoulement des eaux; qu'il en a
» toujours été ainsi dans la Manche ; que, dès lors, il est présumable que
» lorsque l'on a construit les chemins existans, c'est sur le sol même de la com-
» mune ou acheté par elle, que l'emplacement des fossés a été pris; qu'il sem-
» blerait résulter de là que si les riverains d'un chemin se prétendaient proprié-
» taires de ces fossés, ils devraient justifier de la propriété par titre, et non
» d'après les signes mentionnés aux articles 667, 668 du code civil, qui ne pa-
» raissent devoir s'appliquer qu'aux propriétés particulières et non aux
» chemins ;
» Considérant, enfin, que le cadastre attribue aux communes, les chemins y
» compris les fossés, et que l'on avait des raisons pour agir ainsi...

Pour reconnaître, en effet, combien peu les dispositions de l'article 668 du code civil, paraissent applicables aux chemins, il suffira de se reporter à l'arrêt du Conseil d'Etat du 6 février 1776, qui enjoignait aux propriétaires riverains des chemins de curer les fossés et d'en jeter le résidu, sur leur héritage, ce qui a pu former par le curage successif, ce 'que l'on appelle le rejet qui n'existait pas alors par suite d'un droit, mais bien d'une servitude assez onéreuse.

Dans tous les cas, quand ils reçoivent les eaux du chemin, c'est une servitude à laquelle on ne peut se soustraire.

Estime, etc. »

Cette opinion, qui m'était connue au moment où elle fut formulée, me paraissait d'autant mieux fondée, que j'avais pu remarquer qu'il y avait anticipation sur la plupart des chemins que j'étais appelé à parcourir fréquemment.

Depuis, ma conviction est devenue plus intime; elle a acquis plus d'intensité, parce que j'ai remarqué que généralement partout, les riverains des chemins ont cherché à en réduire la largeur par des empiétemens successifs.

J'ai cru pouvoir conclure de là que si on venait s'emparer, à la dérobée, en ne reculant devant aucun stratagème, de la plus grande partie possible de la propriété de la famille communale, on n'avait jamais dû creuser de fossés sur son propre fonds; car les fils n'ont fait et ne se montrent encore disposés à faire que ce qu'ont fait leur père.

Il y a eu d'heureuses exceptions, sans aucun doute; quelques propriétaires ont rougi d'abord de dépouiller la commune d'un bien qui devait profiter à tous; mais la force des choses a amené un changement dans la manière de voir des plus délicats. Il fallait choisir entre le rôle de dupe ou de...... Je ne dirai pas le mot; et malheureusement bien peu ont hésité.

Je connais des propriétaires riverains des chemins, qui poussent la hardiesse jusqu'à venir dire, quand on leur demande le paiement du terrain qu'ils ont usurpé — Le mot est trop doux. — « Nous possédons depuis trente ans et plus: » la loi est pour nous; laissez-nous jouir en paix de notre.... propriété. »

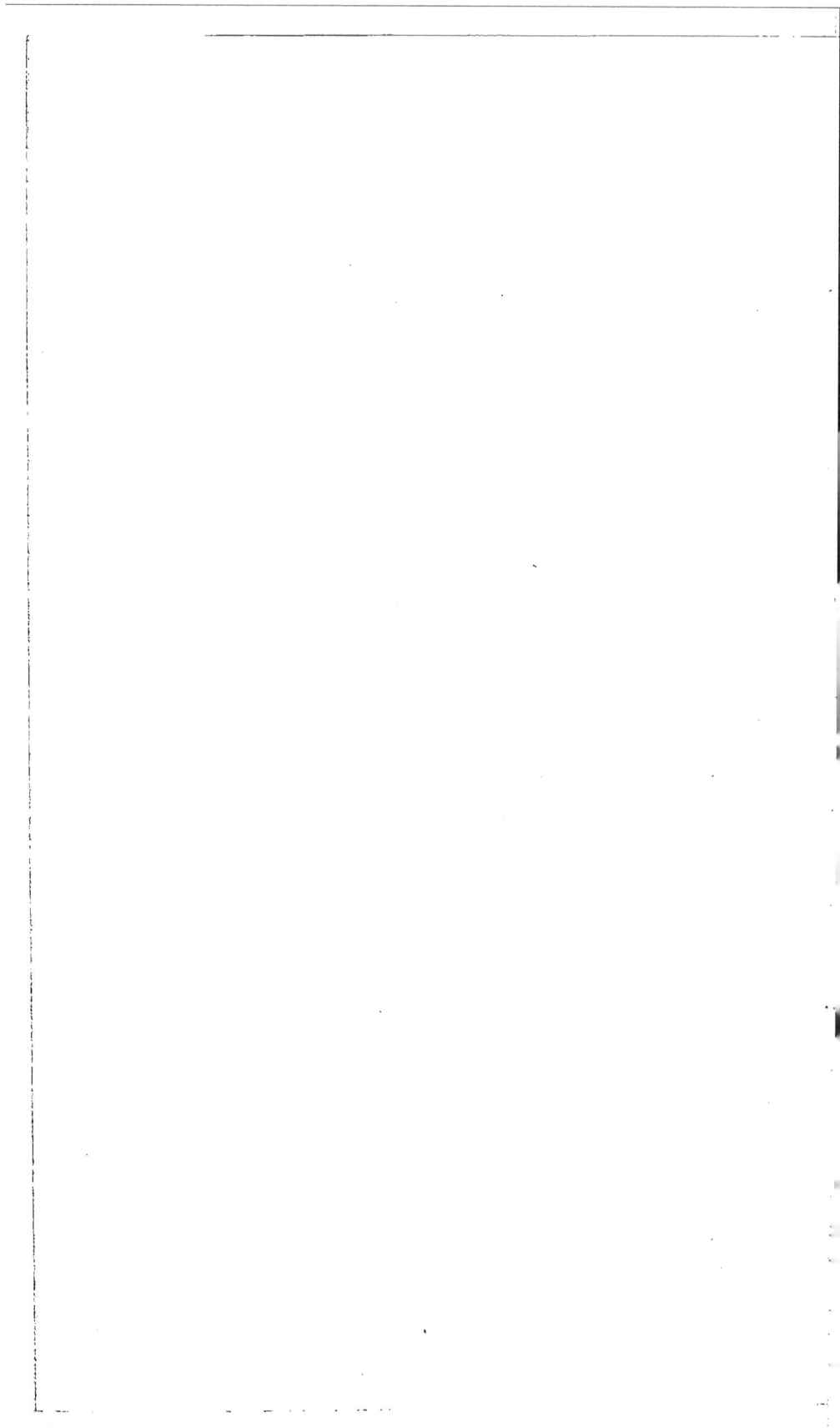

DEUXIÈME PARTIE.

CHAPITRE Ier.

Personnel, organisation du service, considérations générales sur la rétribution des agens-voyers.

L'expérience nous a démontré que sans un personnel suffisant et bien organisé, il sera toujours très difficile, sinon impossible, d'obtenir des résultats réellement satisfaisans ; il est bien entendu qu'il faut plutôt s'attacher à la qualité qu'au nombre des agens que l'on emploie. Toutefois, le zèle ne suffit pas seul ; l'excès du travail a bien ses inconvéniens. Aussi, serait-il à désirer que, sans imposer de trop lourdes charges aux contribuables, l'on pût avoir, dans chaque département, un personnel composé d'hommes capables, zélés et intelligens, mais assez nombreux pour satisfaire aux exigences du service. Parviendra-t-on à obtenir ce résultat partout, en considérant isolément chaque département, comme on le fait depuis la création des agens-voyers ? Je ne le pense pas.

Dans le plus grand nombre des départemens, il y a un agent-voyer chef qui est chargé, sous l'autorité immédiate du préfet, du service des chemins vicinaux en général, et qui a, sous ses ordres, un certain nombre d'agens-voyers d'arrondissement et d'agens-voyers cantonnaux. Dans d'autres, il y a un agent-voyer chef seulement pour les chemins vicinaux de grande communication, et le service des chemins ordinaires se fait par arrondissement. Dans trois ou quatre, enfin, les ingénieurs sont chargés des chemins de grande communication, dont ils dirigent le service comme celui des routes royales et départementales, sous les ordres de l'ingénieur en chef ; des agens-voyers se trouvent chargés des chemins ordinaires.

Dans ces trois cas différens, les agens-voyers sont-ils toujours à même de faire tout le bien qu'on pourrait attendre d'eux? Y trouvent-ils, d'ailleurs, des garanties suffisantes pour leur avenir? non. Je dirai, toutefois, sans arrière pensée, que le premier système est le meilleur, parce qu'il y a plus d'ensemble dans la marche du service; parce que l'on se préoccupe moins exclusivement des intérêts de localité; parce que l'on suit les mêmes méthodes sur tous les points du département; parce que l'emploi des ressources est toujours mieux fait; parce qu'enfin les agens-voyers subalternes, se trouvant en position de mieux connaître l'état de tous les chemins ou de leur arrondissement ou de leur circonscription, font des propositions qui permettent de répartir les ressources vicinales suivant les besoins réels de chaque ligne. Intéressés à ce que les chemins dont ils sont chargés, soient le plus tôt possible en bon état, ils ne se préoccupent que des moyens d'obtenir les résultats les plus prompts et les plus satisfaisans.

Il n'y a pas d'abus possible, par la raison que l'agent-voyer chef peut s'assurer, par lui-même, de l'état des principaux chemins et refuser d'approuver, à l'occasion, les propositions qui lui seraient faites, en prescrivant les mesures qui lui paraîtraient les plus convenables. En séparant les deux services, au contraire, il peut arriver que l'on exige chaque année pour les chemins de grande communication, tout ce que la loi permet de demander aux communes désignées par le conseil général, c'est-à-dire deux journées de prestation et trois centimes 1/3, quand cependant on pourrait se passer à beaucoup moins.

Il résulterait de là que les chemins vicinaux ordinaires seraient forcément négligés, tandis que les chemins de grande communication se trouveraient encombrés de matériaux qui, loin d'être utiles, gêneraient la circulation.

Pense-t-on que les administrés verraient exister un pareil état de choses, sans accuser l'administration d'imprévoyance? Ce serait une erreur. Je parle ici avec toute l'autorité de l'expérience, par la raison que j'ai été chargé alternativement des deux services, et que j'ai pu, sous ce rapport, toucher les difficultés du doigt.

Animé du désir de faire sentir que l'administration n'agit pas légèrement, dans ce qui concerne le bien être des populations, j'ai souvent sollicité et obtenu, en faveur de communes considérées comme intéressées aux chemins de grande communication dont j'étais chargé, des remises d'une portion du contingent qu'on aurait pu rigoureusement leur réclamer.

J'ai toujours eu le plus grand soin de prendre tous les renseignemens de nature à m'éclairer sur le degré d'intérêt qu'avait chaque commune, dans la confection des lignes qui longeaient ou traversaient son territoire, et quand j'avais pu connaître toute la vérité à cet égard, je faisais des propositions en conséquence, afin, je le répète, de ne pas laisser accuser l'administration d'imprévoyance, parce qu'elle aurait exigé de trop grands sacrifices pour une voie de communication d'un intérêt secondaire pour telle ou telle localité, quand on laissait en souffrance le seul chemin qui permettait d'y arriver.

J'ai agi ainsi, parce que je voulais remplir consciencieusement mon devoir; mais admettons pour un instant, que je me fûsse moins préoccupé de l'intérêt particulier de chaque localité, il en serait très certainement résulté de graves inconvéniens, parce qu'en même temps que j'aurais ôté aux communes les moyens de s'occuper de leurs chemins ordinaires, j'aurais mécontenté les populations qui n'auraient pas manqué d'accuser l'administration d'imprévoyance, en se voyant dans l'impossibilité de faire sur certains points, des réparations indispensables, quand on avait du superflu ailleurs.

On a pu remarquer que je n'ai parlé tout à l'heure que des principaux chemins, parce qu'il est tout-à-fait impossible à un agent-voyer chef, de visiter, chaque année, tous les chemins du département auquel il est attaché : la direction du service, la comptabilité et l'instruction des réclamations, des pétitions, absorbent la plus grande partie de son temps.

Si on désirait le mettre à même de profiter de la belle saison, pour faire quelques tournées, il faudrait lui accorder une indemnité qui lui permît *de voir beaucoup en peu de temps;* mais, à cet égard, les conseils généraux se montrent économes des deniers du contribuable, et, cependant, il est très nécessaire, je dirai même indispensable que les agens-voyers chefs fassent de fréquentes tournées, parce qu'il se commet de graves abus dans l'emploi des ressources vicinales, par la raison qu'il y a des fonctionnaires qui ne s'acquittent pas de leurs devoirs d'une manière convenable.

Dans l'arrondissement dont je suis chargé et qui se compose de 242 communes, le montant de la prestation en nature, mise annuellement à notre disposition, et qui est de 132,000 francs, pourra presque toujours être considéré comme une ressource réelle, effective, tant que j'aurai des collaborateurs animés du désir de bien faire; mais s'ils apportaient la moindre négligence dans l'accomplissement de leurs devoirs, une portion considérable de cette ressource pourrait se trouver fort mal employée. Sans avoir le moindre reproche à leur faire, je ne puis m'empêcher de dire que nous obtiendrions des résultats beaucoup plus satisfaisans, si j'avais, pour adjoint, un collaborateur que je pûsse charger de la direction du service, de manière à me permettre de visiter souvent les chemins dont je suis chargé, mais surtout pendant l'exécution des travaux.

Pour qu'il pût en être ainsi, il faudrait d'abord, je le répète, adjoindre à l'agent-voyer chef ou d'arrondissement, un employé capable, zèlé, intelligent, qui pût s'occuper des détails; mais il faudrait aussi accorder des frais de tournées suffisans pour rendre possible, une inspection sérieuse. Cette dépense rentrerait dans le cas de celles que l'on fait tous les jours, soit pour réaliser de grands bénéfices, soit pour éviter des pertes considérables.

J'ai été à même de remarquer que des obstacles, qui de loin paraissent insurmontables, se réduisent à rien, quand on peut discuter les questions sur les lieux mêmes; mais il faut que ce soit l'agent-voyer, chef de service, qui intervienne, sinon les difficultés se compliquent.

Les Maires qui voient souvent cet employé supérieur, ne sont jamais indécis sur ce qu'ils ont à faire; les mesures dont l'exécution pourrait les gêner, eu égard à leur position particulière, paraissent ordonnées par l'agent-voyer chef qui est l'homme de l'administration et auquel on n'ose rien dire.

Cette question vidée, et encore bien que par suite des développemens dans lesquels je viens d'entrer, il me reste peu de chose à ajouter à cet égard, je reviens à l'examen du système d'organisation qui me parait le plus convenable.

J'ai signalé les avantages de la centralisation du service des chemins en général, entre les mains d'un agent-voyer chef; je vais dire un mot des inconvéniens du système comprenant deux services distincts, inconvéniens qui seraient moins graves s'il y avait deux agens-voyers chefs, un pour les chemins de grande communication, un pour les chemins ordinaires. Cette mesure serait certainement moins convenable que celle qui aurait pour objet la réunion des deux services; mais elle serait préférable à ce qui existe dans quelques départemens où chaque arrondissement forme une espèce de petit état indépendant, et où il y a, par conséquent, autant de manières d'administrer, en ce qui concerne les chemins vicinaux, qu'il y a de chefs-lieux de sous-préfectures.

Quel est le premier devoir de l'administration supérieure d'un département? N'est-ce pas de veiller à satisfaire les besoins généraux? Eh bien! le système que je combats, me parait contraire à ce principe, au point de vue le plus important, c'est-à-dire, en ce qui concerne la facilité de communication entre toutes les communes d'un même département.

En effet, les sous-préfets et avec eux les agens-voyers, jaloux d'obtenir des résultats dans l'arrondissement dont ils se trouvent chargés, sont naturellement portés à affecter exclusivement aux chemins des communes de cet arrondissement, toutes les ressources dont ils peuvent disposer, sans s'occuper de ce qui se passe autour d'eux. C'est de l'égoïsme administratif qui profite à quelques-uns, mais qui est essentiellement préjudiciable aux intérêts généraux du département, puisque les communes d'un arrondissement qui, soit pour aller rejoindre une voie de communication importante, soit pour arriver à un bourg ou à un fort village, sont obligées d'emprunter un chemin dans la partie comprise sur le territoire d'un autre arrondissement, se trouvent souvent dans le plus grand embarras par suite de l'état de cette partie de chemin, quelquefois cependant d'une longueur peu considérable.

Il est très vrai de dire que cet inconvénient peut, pendant un certain temps, exister également entre les communes d'un même arrondissement; mais, dans ce cas là, les difficultés ne sont jamais sérieuses, parce que le chef de service qui connaît les besoins de chaque localité, ne pouvant avoir de préférence particulière pour une des communes dont il est chargé, se trouve ainsi naturellement disposé à provoquer toutes les mesures qui peuvent satisfaire les besoins du plus grand nombre. On comprend sans peine, qu'il en est tout autrement, quand l'exécution de ces mesures dépend de personnes qui peuvent avoir des intérêts contraires à servir.

Plus une question est importante, plus la position des hommes chargés de la discuter est élevée, moins on doit craindre l'effet de l'égoïsme de localité; cependant, on reconnaît tous les jours que, même dans cette circonstance, l'intérêt général se trouve sacrifié à l'égoïsme local.

Je n'en citerai qu'un exemple; je pense qu'il suffira pour prouver combien je suis dans le vrai, à cet égard.

Un département juge que l'ouverture d'un chemin de grande communication lui est nécessaire, soit dans l'intérêt de l'agriculture, soit dans celui du commerce intérieur; mais une partie de ce chemin se trouve située sur le territoire d'un des départemens voisins, lequel n'a qu'un très faible intérêt à sa confection; pourtant, pour atteindre le but que l'on se propose, il est indispensable que cette partie de chemin soit également ouverte. On fait alors des démarches auprès de l'administration de ce département, et comme ces démarches n'ont pas un résultat immédiat; comme, cependant, on ne doute pas du succès; comme, d'un autre côté, l'impatience des populations déborde souvent le conseil général, on vote des fonds, on travaille à ce chemin qu'il faudra quatre ou cinq années à faire exécuter, et on se dit que, pendant ce temps, les difficultés qui pourraient survenir à l'occasion de la partie située hors du département, se trouveront aplanies, et que l'on pourra jouir, à une époque assez rapprochée, des sacrifices que l'on aura faits. Eh bien! qu'arrive-t-il? C'est que le chemin est confectionné sur le territoire du département qu'il intéresse plus particulièrement, bien longtemps avant que le département voisin ait seulement songé à s'occuper de ce qui le concerne, et qu'ainsi on a fait dans le premier, de grands sacrifices, à peu près en pure perte. Cependant, je le répète, la question est discutée par les préfets et les conseillers généraux, et certes! il y a chez les uns et les autres des lumières, de vastes connaissances, du désintéressement, du désir de bien faire. Si, donc, l'égoïsme local domine encore presqu'exclusivement des questions de cette nature, discutées par des hommes aussi haut placés, que sera-ce quand il s'agira de chemins intéressant des communes situées sur un autre arrondissement, que celui sur le territoire duquel se trouvent ces chemins, quand le débat existera entre deux agens-voyers, deux maires et deux sous-préfets?

Au point de vue de l'avantage que peuvent retirer toutes les communes d'un même département, de l'ensemble des mesures à adopter pour arriver au même résultat, il me parait également très important que le service soit dirigé par un seul et même agent-voyer, parce qu'une règle uniformément établie dans un très grand nombre de communes, a beaucoup plus de force et donne lieu à beaucoup moins de difficultés. Quand, au contraire, il y a des méthodes différentes pour chaque arrondissement, l'administration perd de sa force, les gens mal disposés et toujours prêts à trouver mal ce que l'on fait, blâment les mesures qui les concernent et vantent celles qui sont prises à l'égard de leurs voisins; ces rumeurs sourdes trouvent des échos et les difficultés se compliquent. On n'éprouve pas une résistance positivement hostile, mais tracassière qui compromet, sans cependant qu'il soit possible de l'attaquer ouvertement, qui compromet, dis-je, les résultats sur lesquels on pourrait compter.

Donc, et, sous tous les rapports, le premier système d'organisation est préférable aux deux autres; mais offre-t-il aux agens-voyers plus de garanties pour leur avenir? Je n'ose l'affirmer; pourquoi? un agent-voyer chef chargé des deux services, ne pourra guère se trouver d'accord avec tout le monde, *quelle que soit la dose de patience dont il puisse être doué, quelles que soient ses qualités, quel que soit son désir de bien faire,* il se fera des ennemis qui se montreront d'autant plus acharnés qu'il sera moins vulnérable, et qui seront d'autant plus nombreux qu'il aura montré plus d'indépendance, et vu plutôt les choses que les hommes. Un préfet qui saura l'apprécier, le soutiendra envers et contre tous; mais pour peu que ce préfet change de département et qu'il soit remplacé par un homme qui prête l'oreille aux faux rapports qu'on peut lui faire ; qui ait quelque motif de vouloir rompre avec le passé, l'agent-voyer sera sacrifié et après avoir fait beaucoup de bien, il se trouvera obligé d'aller gagner son pain dans d'autres lieux. On ne le destituera peut-être pas brutalement ; mais on le traitera de manière à lui faire sentir que ses services ne sont plus agréables, et à moins qu'il n'oublie sa dignité d'homme, il lui sera impossible de résister aux tracasseries qu'on lui suscitera de toutes parts.

Il ne faut pas perdre de vue que l'agent-voyer, en général, quelque bien qu'il fasse, est regardé par le plus grand nombre comme un ennemi qu'il est permis de combattre par toutes sortes de moyens ; la raison en est simple : à ceux-ci, la surveillance qu'il exerce est gênante, parce qu'elle coupe pied aux abus ; à ceux-là, le pouvoir qu'il tient de la loi, paraît une chose monstrueuse, parce qu'ils ne peuvent plus commander en maîtres absolus ; pour quelques-uns, enfin, l'agent-voyer est un cauchemar pour mille et une raisons que je ne puis dire ; il n'est donc pas étonnant qu'il tombe généralement du moment où la main qui le soutenait, vient à l'abandonner.

N'y a-t-il pas là un vice d'organisation qui saute aux yeux ? n'en résulte-t-il pas pour les gens de bien la conviction intime que la loi n'offre pas aux agens-voyers toutes les garanties désirables sous le rapport de leur avenir ?

Pour obvier aux inconvéniens que je viens de signaler, il faudrait que tous les agens-voyers pussent être considérés comme fonctionnaires de l'état, n'appartenant pas plutôt à un département qu'à un autre, mais pouvant rester indéfiniment où ils se trouveraient bien avec le préfet dont ils partageraient les vues. Il y aurait une hiérarchie établie parmi eux comme parmi les employés des autres administrations ; les bons sujets rencontreraient ainsi une récompense de leurs travaux, de leur zèle et de leur bonne volonté ; les bonnes méthodes se propageraient, l'uniformité s'établirait et les luttes qui tendent à devenir de jour en jour plus sérieuses, entre l'administration qui ne peut entrer dans les détails, et les hommes qui se trouvent placés de manière à toucher du doigt toutes les difficultés d'exécution ; les luttes, dis-je, qui s'engagent trop souvent envers les préfets et les agens-voyers deviendraient beaucoup moins sérieuses, parce que le débat ne serait plus circonscrit par les limites d'un arrondissement et quelquefois d'un département.

Il faudrait, pour en arriver là, que la dépense à faire pour le personnel des agens-voyers, fût rendue obligatoire pour chaque département; et on comprend les difficultés qui pourraient résulter dans la pratique, de l'application d'une loi qui réglerait ce service. Toutefois, avec un peu de bonne volonté, on parviendrait à vaincre toute espèce d'obstacles. Je ne puis entrer dans de très longs détails à ce sujet; je me bornerai à indiquer la principale mesure qu'il y aurait à prendre et qui, érigée en principe, donnerait les moyens d'obtenir des résultats très satisfaisans.

Aujourd'hui, le personnel des agens-voyers coûte annuellement aux départemens une somme de 2,000,000 francs, ce qui n'est rien ou à peu près, quand il s'agit de travaux aussi importans que ceux qui s'exécutent chaque année, et dont le chiffre est d'environ 55,000,000^r.

C'est donc par département, une dépense moyenne de 640,000 fr. En admettant cette base, on pourrait établir, en principe, que chaque département, ayant en 1845, par exemple, un certain nombre d'agens, serait tenu de les conserver jusqu'à ce qu'il fût possible de réduire ce nombre au fur et à mesure des vacances qui surviendraient, soit par suite de décès, soit par suite de placement de ces fonctionnaires dans un autre service, avec un grade équivalent. On comprendra sans peine pourquoi je ne parle pas de ce qui devrait avoir lieu, dans le cas où l'on voudrait augmenter le personnel. Le principe que je viens de développer, une fois posé, les agens-voyers n'auraient plus de crainte à concevoir sur leur avenir.

Il serait tenu au ministère de l'intérieur, un contrôle général de ces fonctionnaires, lequel contiendrait tous les renseignemens nécessaires pour mettre l'administration supérieure à même de se prononcer en toute connaissance de cause. Tous les trois mois, les préfets indiqueraient les changemens qui auraient pu survenir dans le personnel de leur département respectif, en transmettant au ministre le rapport même de l'agent-voyer chef qui serait tenu de fournir des notes sur chacun de ses collaborateurs. Ces notes, à la suite desquelles les préfets feraient connaître leur avis particulier, constitueraient un document précieux sur l'ensemble du service, et serviraient à classer chaque agent-voyer, par ordre de mérite, et à placer le plus digne dans un département où il se trouverait un emploi vacant mieux rétribué que celui dont il serait pourvu.

Il y aurait ainsi de l'émulation parmi les agens-voyers de toute classe, parce qu'ils· sauraient que l'on s'occupe d'eux et que leur avenir serait assuré, en tant qu'ils s'acquitteraient de leurs devoirs d'une manière satisfaisante. Mais la position de ces fonctionnaires serait encore assez précaire, s'ils ne pouvaient compter sur une retraite, après avoir rendu de grands services, après avoir éprouvé des fatigues inouïes dans l'exercice de leurs modestes, mais utiles fonctions.

La plupart des conseils généraux ont compris combien il serait injuste de ne pas les débarrasser de la crainte d'être dispensés d'aller mendier leur pain, au moment où l'âge et la fatigue les rendront incapables de continuer à servir, et on les a admis à jouir du bénéfice de la caisse des retraites établies, d'abord, en faveur des employés des préfectures et des sous-préfectures; on a même consenti, sous certaines conditions, à leur permettre de compter, pour établir leurs droits à la retraite, leur temps de service dans tous les départemens indistinctement. Cette mesure, sans contredit, honore l'administration qui l'a proposée et les conseils généraux qui l'ont adoptée, et c'est tout ce qu'on pouvait raisonnablement leur demander; mais ce n'est pas encore assez.

En effet, parmi les agens-voyers, il peut y avoir d'anciens militaires qui comptent sept et huit ans de présence sous les drapeaux, et qui vieilliront d'autant plus vite qu'ils ont plus souffert. Peu d'entre eux pourront travailler assez longtemps pour avoir des droits à une pension, en admettant même que l'on se montre disposé à les faire profiter du bénéfice de l'exception généralement établie en faveur des fonctionnaires qui, après vingt années de service, peuvent faire valoir leurs droits à la retraite.

Si, au contraire, on admettait en principe, ce qui ne serait que justice, que tous les services doivent compter pour être admis à la retraite, il n'y aurait plus de crainte à concevoir pour personne. On travaillerait avec ardeur, certain de n'être pas abandonné par son pays après l'avoir fidèlement servi. Pour que cette mesure fût réellement possible, je reconnais avec ceux qui se sont déjà occupés de cette question, à propos des employés de préfecture, je reconnais, dis-je, qu'il faudrait que l'état se chargeât directement de la liquidation des retraites, sauf quelques rares exceptions. Je ne comprends pas comment les conducteurs embrigadés des routes départementales, jouiraient seuls de cette faveur, quand il est reconnu par tout le monde, que les agens-voyers rendent au moins autant de service que ces fonctionnaires. Je m'explique d'autant moins cette différence, que la France est assez riche pour rémunérer convenablement ceux qui la servent.

Organisation du service. — Rétribution des Agens-Voyers.

J'ai déjà dit (1) que, dans presque tous les départemens, on s'était occupé dans ces derniers temps, d'améliorer la position des agens-voyers, en augmentant le chiffre de leur traitement et en les admettant à profiter des avantages des caisses de retraite, créées d'abord en faveur des employés de préfecture seulement.

C'est là, j'en conviens, un grand pas de fait, et, sous ce rapport, nous devons très certainement beaucoup de reconnaissance à l'administration qui a provoqué l'adoption de ces mesures et aux conseils généraux qui les ont favorablement accueillies (2).

Mais, pour dire toute la vérité, a-t-on généralement fait assez ? Je ne le pense pas.

---

(1) Introduction pages 1 et 2.

(2) Plus qu'aucun autre je dois éprouver ce sentiment, parce que, inconnu de la plupart des personnes appelées à prononcer sur mon sort, je ne pouvais compter sur la bienveillance avec laquelle j'ai été traité ; aussi, en conserverai-je longtemps le souvenir. Ce sera pour moi un encouragement à bien faire, à m'attacher sans relâche à rendre le plus de services possibles, au pays dont les honorables représentans, tant au conseil d'arrondissement qu'au conseil général, ont bien voulu m'accorder quelque confiance.

7

D'abord, je n'ai vu nulle part que l'on ait alloué d'indemnité de logement aux agens-voyers, et, cependant, on ne peut ignorer qu'il leur faut un appartement ouvert au public presqu'en tout temps, et où doivent d'ailleurs être déposées les pièces qu'ils se trouvent obligés de consulter à chaque instant.

Comme c'est pendant l'hiver que se préparent les projets et qu'il y a, par conséquent, le plus d'écritures à faire, ils ont à leur charge des dépenses de chauffage et d'éclairage assez considérables; ensuite, on ne leur accorde pas de frais de bureau, de sorte qu'ils font généralement la guerre à leurs dépens, et puis, enfin, les frais de tournée sont partout trop peu élevés.

On comprendra aisément que cette position ne ressemble guère à celle des fonctionnaires publics en général, qui n'ont aucun débours à faire à propos des fonctions qu'ils exercent.

Je suis loin de vouloir prétendre faire une assimilation entre un ingénieur et un agent-voyer quelconque; car je sais que, s'il y a des hommes capables, bien dignes d'intérêt, d'ailleurs, et pleins d'avenir, qui remplissent les modestes fonctions d'agent-voyer d'arrondissement, avec tout le zèle désirable, il n'y en a probablement pas un seul qui ait autant de connaissances théoriques qu'en ont généralement les ingénieurs. Mais au point de vue des obligations qu'ont à remplir les uns et les autres, en ce qui concerne le service, la position d'un ingénieur impose infiniment moins de charges que celle d'un agent-voyer d'arrondissement. Eh bien! constatons la différence des avantages pécuniaires qui existe entre les deux positions.

Les ingénieurs de première classe ont 3,000 fr. d'appointemens, et ceux de seconde, 2,500 fr.

Ils ont, en outre, 800 fr. (1) pour frais fixes, et 6 fr. 25 c. par myriamètre pour les déplacemens auxquels ils sont obligés. On leur accorde de plus, une remise sur les travaux des routes départementales.

Ainsi, sans parler de leur avenir qui n'est borné par aucune limite, ils reçoivent annuellement, de 4,000 fr. à 4,500 francs, tandis que

---

(1) Décret du 7 fructidor an XII, art. 31 et 32. Instruction du 22 janvier 1839.

je ne réclamerais pour les agens-voyers d'arrondissement que 3,000 fr. au plus, 2,400 fr. au moins, tout compris.

Quand je me montre si peu exigeant pour des travaux aussi pénibles, pour des fatigues inouïes, je crains de ne pas voir tous mes collègues se ranger à mon opinion et qu'ils ne m'accusent de faire trop bon marché de leur temps et des peines qu'ils éprouvent. Je regretterais qu'il en fût ainsi; mais je ne changerais cependant pas d'avis.

Je sais ce que nous sommes, ce que l'on peut faire pour nous et où nous pouvons arriver : tout cela ne m'effraie pas. J'ai accepté ma position telle qu'elle est, sachant bien qu'elle n'était pas une sinécure, sachant bien également qu'il me serait impossible de thésauriser, si je n'avais que mes appointemens pour vivre.

Cela dit, j'arrive aux agens-voyers cantonnaux dont la position est encore moins convenable que celle des agens-voyers d'arrondissement, puis qu'ils n'ont généralement que 1,000 francs de traitement annuel, 1,200 francs au plus.

On me dira peut-être que c'est une espèce de surnumérariat, et que, dans toutes les administrations, on reste pendant deux, et quelquefois même trois années sans recevoir d'appointemens. A cela je répondrai que si l'on s'occupe du point de départ, il faut aussi voir le point d'arrivée; ou en d'autres termes, que si un jeune homme reste surnuméraire pendant deux ou trois années dans l'administration des postes, dans les douanes, ou dans l'enregistrement, il peut espérer se créer une fort belle position, au bout d'un certain tems qui s'écoulera pour lui, sans qu'il éprouve beaucoup de fatigues, tandis que l'agent-voyer cantonnal voit son avenir borné au grade d'agent-voyer d'arrondissement. Un sur vingt ira peut-être au delà; soixante sur cent ne l'obtiendront peut-être jamais; cependant, sa mission est pénible, fatigante; et, jeune encore, il ressentira toutes les infirmités d'un âge avancé. Il rachète donc bien chèrement la faveur qu'on lui accorde de ne pas faire un très long surnumérariat.

Aussi, je le répète, la position de ces employés doit fixer l'attention de l'administration et des conseils généraux; on doit s'occuper de l'améliorer, si l'on veut être juste et si l'on veut d'ailleurs être bien servi.

Voici ce que je croirais convenable de faire à ce sujet :

D'abord, chaque arrondissement devrait être divisé en circonscriptions composées chacune de deux cantons. Ces circonscriptions seraient classées par ordre, eu égard à leur importance, afin que l'on pût accorder à chaque employé des frais de tournée, en rapport avec la longueur des chemins à parcourir.

Ces frais, à raison de quatre tournées par an, ne devraient jamais s'élever à moins de 100 fr. ni à plus de 150 fr. On y ajouterait en outre 50 fr. de logement et autant de frais de bureau, ce qui ferait, au maximum, 250 fr. en sus du traitement, et 200 fr. au minimum.

Les agens-voyers seraient eux-mêmes divisés en trois classes :

La 1re à 1200f de traitement fixe, 1400f au minimum et 1450f au maximum, tout compris ;

La 2e à 1000f   id.   1200f   id.   1250f au maximum, tout compris ;

La 3e à 900f   id.   1100f   id.   1150f au maximum, tout compris.

On devrait, en outre, pour exciter l'émulation et récompenser les bons services, voter annuellement une certaine somme qui serait distribuée, en fin d'année, à titre de gratification, aux employés qui auraient montré le plus de zèle et de meilleure volonté (1).

L'augmentation des dépenses qu'occasionnerait l'adoption de ces diverses mesures, serait compensée au centuple par les avantages de toute nature, qui en résulteraient pour tout le monde.

Il y aurait, d'ailleurs, une raison de dignité bien importante à faire valoir ; car c'est beaucoup pour un département, d'être convenablement représenté ; c'est aussi un grand bonheur pour l'administration de pouvoir choisir parmi des employés capables, instruits, zélés qui servent le pays avec dévouement, parce qu'ils sont rétribués de manière à vivre honorablement.

(1) Dans les départemens de l'Allier, du Cher, du Cantal, de l'Hérault, de la Loire-Inférieure, de Maine-et-Loire, de la Manche, de la Moselle, du Bas-Rhin, de Saône-et-Loire et de l'Yonne, les conseils généraux votent annuellement des fonds avec cette affectation. Mais je crois que ces fonds ne sont destinés qu'aux agens-voyers principaux ; c'est un tort.

Un fonctionnaire qui ne pourrait avoir une tenue convenable, n'aurait aucune influence sur les populations; bientôt il sentirait lui-même les inconvéniens de sa position et n'oserait agir qu'en tremblant; puis, s'il se trouvait pressé par le besoin, qui peut répondre qu'il ne faillirait pas, si l'occasion s'offrait?

En accordant un traitement suffisant, on pourra toujours choisir parmi le grand nombre de jeunes gens qui se présentent pour remplir les emplois à donner. Si ceux que l'on admet, viennent à prouver peu de capacité, on se trouve moins embarrassé pour les remplacer, et on a enfin la certitude que les titulaires tiendront d'autant plus à leur position, qu'elle leur procurera plus d'avantages.

J'ai dit tout à l'heure qu'il faudrait accorder, au minimum, une somme de 200 fr., à raison de quatre tournées par an; mais pour ne laisser rien à désirer sous le rapport du service, il faudrait que l'ordre des tournées fût fixé par l'agent-voyer d'arrondissement, qui signerait les itinéraires, en remettrait une expédition à chacun de ses collaborateurs, et informerait lui-même les maires de l'arrondissement, de l'heure et du jour du transport de l'agent-voyer cantonnal dans leur commune respective.

La première tournée devrait commencer le 15 mars et se terminer à la fin d'avril, de manière à ce que l'appréciation sommaire des travaux à exécuter, l'année suivante, qui doit être mise sous les yeux du conseil municipal, dans la session de mai, pût être préparée à temps.

Les agens-voyers auraient aussi à s'occuper dans cette tournée, de donner aux entrepreneurs, de concert avec MM. les maires, tous les renseignemens nécessaires pour exécuter les travaux adjugés dans le courant de février, et recevoir définitivement ceux qui auraient été exécutés dans la campagne précédente.

Ils auraient enfin à s'entendre sur les bases de conversion en tâches de la prestation en nature, et sur l'époque à laquelle doit avoir lieu l'ouverture des travaux.

Dans la seconde tournée, qui peut être faite du 1er juin au 15 juillet, les agens-voyers s'assureraient de la manière dont s'exécutent les travaux, en constateraient l'avancement, examineraient si la prestation est convenablement employée, marqueraient les jeunes arbres qui auraient été plantés à des distances moindres que celles indiquées par les réglemens et qui devraient être transplantés à la fin de l'automne, et indiqueraient, enfin, ceux qu'il y aurait lieu d'abattre dans le courant de l'hiver.

La troisième tournée ne devant commencer que le 10 septembre pour être terminée le 15 octobre, les agens-voyers de circonscription qui auraient dû, à cet égard, recevoir des instructions spéciales de l'agent-voyer d'arrondissement, pourraient disposer du mois d'août pour lever les plans et faire les nivellemens des parties des chemins qui, par une raison quelconque, rendraient nécessaire l'établissement d'un projet complet.

Les études se feraient en même temps sur le terrain, et on se disposerait de manière à pouvoir faire des propositions définitives pour l'exercice suivant. Le tout pourrait être ainsi soumis de fort bonne heure à l'examen et à l'approbation du préfet ; les plans parcellaires seraient envoyés ensuite dans les communes, où l'autorité municipale serait invitée à s'occuper du réglement des indemnités de terrain, afin qu'à l'ouverture de la campagne aucune difficulté ne vînt arrêter l'exécution des travaux.

Dans la troisième tournée, Il n'y a que les travaux à visiter pour s'assurer si les entrepreneurs se conforment aux conditions qui leur sont imposées, et si les prestataires ont été mis en demeure de terminer leur tâche.

Une fois rentrés, les agens-voyers peuvent régler les comptes des travaux reçus, vérifier les extraits de rôle de prestation, préparer les mesures à prendre pour les communes dans lesquelles il existe quelque difficulté, et mettre la dernière main aux projets inachevés.

Vient enfin l'époque de la dernière tournée pendant laquelle il ne peut être question que de la réception provisoire des travaux, opération qui consiste dans la vérification des longueurs de chemins confectionnés, des dimensions des chaussées d'empierrement, etc.

Cette tournée commence le 1er novembre et doit être terminée du 25 au 30, parce qu'il n'y a à visiter que les communes où la réception n'a pu être faite dans la tournée précédente.

Décembre et janvier sont réservés pour le réglement définitif des comptes de la campagne précédente, et pour l'établissement des devis de celle qui doit s'ouvrir au 15 mars. Février est consacré en entier aux adjudications.

Pour en finir sur cet objet important, je crois devoir donner quelques détails sur l'organisation du service dans l'arrondissement de Beauvais, qui ne laisserait rien à désirer, si, comme je l'ai déjà dit, on adjoignait à l'agent-voyer d'arrondissement, un agent-voyer cantonnal de 1re classe, pour le suppléer quand il serait en tournée, et pour tenir la comptabilité en tout temps.

Ce système d'organisation, qui a été expérimenté dans un département dont le préfet ne négligeait rien pour obtenir le plus de résultats possibles, est, comme on va le voir, d'une très-grande simplicité dans la pratique (1).

Personnel.

Le service des chemins vicinaux ordinaires est complètement distinct de celui des chemins de grande communication. Il est confié, dans l'arrondissement, sous l'autorité et sous la direction immédiate du préfet, 1° à un agent-voyer d'arrondissement, résidant au chef-lieu, et dont le traitement est de 2,400 francs; 2°. à cinq agens-voyers cantonnaux dont deux de première classe à 1,200 francs, et trois de deuxième classe à 1,000 francs.

Chacun de ces agens secondaires a une circonscription spéciale composée généralement de deux cantons : le chef-lieu de canton le plus

---

(1) La plupart des détails qu'on va lire, ceux du moins qui règlent particulièrement ce qui est d'une application générale, sont extraits d'un rapport fort remarquable d'un des sous-préfets de ce département, sur l'organisation du service dans son arrondissement, où tout se fait avec un ensemble tel que je ne crains pas de dire qu'on pourrait le proposer comme modèle à presque toute la France. Pour être juste, il faut ajouter que l'agent-voyer de cet arrondissement, est rempli de zèle et de bonne volonté ; qu'il jouit de l'estime et de la confiance de toutes les personnes avec lesquelles il se trouve en rapport, circonstance qui rend la tâche du sous-préfet beaucoup plus facile. Je suis heureux de trouver cette occasion de dire tout le bien que je pense de ce fonctionnaire qui est bien digne de toute la sollicitude de l'administration.

central ou le plus considérable est le lieu de sa résidence : la désignation en est faite par l'arrêté de nomination.

Indépendamment de la direction générale qu'il imprime à ses subordonnés et à toutes les parties du service de l'arrondissement, l'agent-voyer chef fait des tournées fréquentes dans les circonscriptions.

Ces divers agens ont tous qualité pour constater les contraventions et les délits, et en dresser des procès-verbaux.

Leur action, constamment dirigée et surveillée par l'administration supérieure, est entièrement indépendante de l'autorité municipale. Ils entretiennent, néanmoins, de bons et de fréquents rapports avec elle, et les maires, délivrés ainsi, en grande partie, de tous les soins, de tous les embarras que leur occasionnaient, autrefois, l'exécution et la surveillance des travaux des chemins, comprennent tous aujourd'hui, dans leur propre intérêt, aussi bien que dans celui des communes, l'incontestable avantage d'un système qui soumet ces travaux, et notamment l'emploi si difficile des prestations en nature, à une impulsion forte et soutenue, à une surveillance uniforme et constamment exercée par des hommes spéciaux et étrangers aux localités.

Cette organisation du service de la voirie vicinale serait complète et ne laisserait rien à désirer, si chaque agent-voyer pouvait disposer d'un piqueur exercé aux travaux des chemins, qui n'aurait d'autre mission que de visiter successivement ceux de chaque commune, de se porter immédiatement sur tous les points où un ouvrage de quelque importance voudrait être particulièrement suivi et surveillé, de signaler enfin, à l'agent-voyer, tous les faits intéressans, toutes les contraventions dont il aurait connaissance, etc. Le salaire de ce piqueur devrait être de 800 francs au moins ; il serait acquitté, soit en totalité sur les fonds départementaux, soit, par moitié, sur ces fonds et sur les ressources de toute nature annuellement affectées par les communes de la circonscription, à la voirie vicinale.

Vote des ressources. — Etats d'appréciation sommaire.

Chaque année, dans les mois de mars et d'avril, l'agent-voyer d'arrondissement fait dresser, après s'être concerté avec les autorités locales, et d'après la connaissance personnelle qu'il a des besoins de la voirie vicinale, un état d'appréciation sommaire des dépenses auxquelles lui paraissent devoir donner lieu les travaux de réparation et d'entretien à faire, l'année suivante, aux chemins vicinaux de chacune des communes de l'arrondissement.

Cet état (1) indique 1°. les portions de chemins sur lesquelles devront être portés les travaux; 2° l'importance approximative de ces travaux en terrassemens, chaussées d'empierrement et ouvrages d'art. Une colonne d'observations a pour objet de faire apprécier sommairement l'urgence et l'utilité des travaux projetés.

Délibérations portant vote des prestations en nature et des centimes spéciaux.

Il y a d'ailleurs nécessité de proportionner la dépense au maximum des ressources applicables.

Ainsi établis, par commune, ces états sont remis au préfet qui, après un examen préalable, les adresse aux maires avant la session de *mai*, en même temps qu'il leur transmet des formules imprimées pour la rédaction des délibérations relatives au vote des prestations et centimes spéciaux à employer l'année suivante.

Le maximum des ressources de toute nature, autorisé par la loi, est généralement exigé des communes. Si quelques-unes, en très-petit nombre, ne présentent que des votes insuffisans, elles sont immédiatement mises, par le préfet, en demeure de les compléter.

Plans d'élargissement.

Dans le courant de novembre, l'agent-voyer chef de service soumet à l'approbation du préfet les plans des chemins bordés de clôture, qu'il est nécessaire d'élargir. Ces plans sont dressés par les agens-voyers cantonnaux, chacun pour sa circonscription, et vérifiés ensuite par l'a-

---

(1) Voir le modèle n°. 7.

gent-voyer d'arrondissement. Ils sont accompagnés d'un état indiquant l'étendue et le nom des propriétaires des terrains qui doivent être pris pour les élargissemens.

Le renvoi de ces plans approuvés se fait ordinairement dans les communes, à la fin de décembre ; ils reçoivent la publicité nécessaire, et sont communiqués, sans déplacement, aux propriétaires intéressés.

Notification des ressources.

Au commencement de l'année pendant laquelle elles doivent être employées, le préfet fait connaître à l'agent-voyer d'arrondissement, le chiffre des ressources diverses applicables aux chemins.

Devis.

Celui-ci s'occupe alors de la rédaction des devis des travaux à entreprendre dans chaque commune. Ces devis comprennent séparément les portions de chemin, à l'amélioration desquelles doivent être consacrées les ressources de l'année ; ils présentent successivement la nature et le chiffre de ces ressources, l'indication générale des travaux à exécuter, les sous-détails des prix, l'estimation générale des travaux, leur résumé, enfin les conditions générales de chaque entreprise. Une disposition spéciale s'applique à l'entretien des portions de chemin précédemment exécutées, et détermine la quantité des travaux à faire sur chacune de ces portions, en terrassemens et en rechargemens de chaussée, pour les maintenir en bon état.

Lorsque des aqueducs, ponts ou ponceaux sont à construire, il est, en outre, dressé un devis particulier pour leur exécution.

Les états d'appréciation sommaire, primitivement soumis aux conseils municipaux, servent de base à ces devis. Les observations auxquelles donnent quelquefois lieu les premiers de la part de ces assemblées, sont préalablement examinées, et l'autorité supérieure s'applique à concilier, autant que possible, dans ce cas, les vœux de ces conseils, avec les véritables besoins de la circulation. L'emploi des ressources que les administrations locales ne tendent que trop souvent à éparpiller, est toujours concentré, dans chaque commune, sur une, deux ou trois lignes tout au plus. Ce dernier nombre n'est même admis que dans quelques communes étendues, et dont les moyens d'exécution présentent une certaine importance.

Adjudications.

Une fois que ces devis ont été approuvés, le renvoi en est fait dans les communes, avec des affiches destinées à annoncer leur dépôt dans les mairies, et l'adjudication des travaux qui en font l'objet.

Ces adjudications sont passées, par commune, au chef-lieu de chaque canton, à l'époque où se font les opérations du tirage. Elles ont lieu sur le chiffre invariable des ressources mentionnées en tête des devis, par augmentation des quantités de mètres courans de chaussée d'empierrement à exécuter. On peut les faire, soit à la criée, soit à l'extinction des feux. Le préfet ou son délégué procède à l'opération en présence du maire, de deux conseillers municipaux, du receveur-municipal et de l'agent-voyer d'arrondissement, qui tient la plume. Le procès-verbal est arrêté et signé séance tenante.

Les entrepreneurs versent en même temps, entre les mains de l'agent-voyer d'arrondissement, qui leur en donne des reçus préparés à l'avance, le montant de tous les frais dus tant pour le timbre et l'enregistrement des minutes des devis et adjudications, que pour le timbre et l'impression des placards, le timbre et la copie de deux ex-péditions des devis et procès-verbaux d'adjudication, dont l'une doit ultérieurement être produite à l'appui du premier mandat de paiement; l'autre reste entre les mains de l'entrepreneur pour sa gouverne. Cette dernière n'est pas timbrée. Un tableau de répartition de ces différens frais par commune, est, pour cet effet, préparé à l'avance, par l'agent-voyer et approuvé par le préfet. Cet agent demeure ainsi chargé de pourvoir, dans les délais voulus, à l'accomplissement prompt et régulier des formes prescrites par les lois et réglemens sur le timbre et sur la comptabilité communale. Les adjudicataires trouvent, de leur côté, dans cette marche, l'avantage de recevoir beaucoup plus tôt et plus facilement, leurs premiers à-compte.

Le système des adjudications, pratiqué avant 1842, dans cinq ou six communes seulement, et généralisé depuis, a été adopté comme réunissant, au plus haut degré, toutes les garanties désirables de régularité et de bonne exécution. Ce n'est pas qu'il soit question de placer les prestataires sous les ordres absolus d'un entrepreneur; l'ensemble des travaux à exécuter dans chaque commune est bien mis en adjudication, mais l'adjudicataire, particulièrement responsable de ceux faits à prix d'argent, devient ainsi, pour l'autorité, un auxiliaire extrêmement utile, soit pour veiller, sous la direction commune du maire et de l'agent-voyer, à ce que chaque prestataire s'acquitte convenablement de sa tâche, soit, en cas de refus ou de négligence de ce dernier, pour exécuter les travaux, et recevoir en paiement, dans les formes établies, le prix des journées de prestation non acquittées en nature.

Comme le système des tâches est le seul praticable, dans l'arrondissement, nous avons dû évaluer la prestation, d'après le tarif arrêté par le conseil général, et la faire accepter, suivant cette évaluation, par tous les entrepreneurs qui reçoivent les contribuables sur leurs travaux, sans toutefois leur donner directement aucun ordre, sans les soustraire, par conséquent, à la surveillance naturelle des maires et des agens-voyers cantonnaux.

Il arrive que quelques contribuables ne se libèrent pas en nature; alors l'adjudicataire, subrogé à leurs devoirs et aux droits de la commune envers eux, exécute des travaux pour la somme dont ils sont restés redevables; dans l'autre cas, on évalue, d'après les bases du détail estimatif, les travaux exécutés ou les fournitures faites directement par les prestataires, et on en déduit le montant de la somme revenant à l'entrepreneur.

Ce sytème dont l'application, ainsi que le dit M. Jules Cambacérès, ingénieur en chef, qui fait de louables efforts pour propager les bonnes méthodes, et auquel la France devra tant, pour ce qui concerne les chemins vicinaux; ce système, dis-je, dont l'application est facile à saisir, est d'une grande simplicité dans la pratique; et quand il y a des devis rédigés avant l'adjudication, il est presqu'impossible que le moindre désordre vienne tromper les prévisions de l'administration. Il ne peut exister aucun mécompte, aucun doute sur ce qui pourra être obtenu ; on est toujours certain, en effet, de pouvoir calculer d'avance, les travaux à exécuter chaque année. Il n'y a rien d'éventuel et il n'y a rien d'anormal dans la manière d'obtenir ces résultats, par la raison que chaque prestataire reste entièrement libre de s'acquitter en nature ou en argent, et qu'il n'a à craindre aucun abus, puisque les maires et les agens-voyers sont toujours là pour prononcer entre lui et l'entrepreneur. Il n'y a même pas de discussion sérieuse possible, puisqu'il n'a d'ordres à recevoir que du chef de la communauté ou d'un agent salarié qui ne peut avoir en vue que l'intérêt général.

Avec les adjudications et un ensemble de conditions convenablement appropriées à la nature des ressources et des travaux, l'emploi des prestations doit avoir lieu partout, à des époques précises, et calculées de manière à se concilier avec les travaux agricoles. Si l'autorité locale néglige de délivrer, en temps utile, les ordres de libération, l'agent-voyer intervient immédiatement, et provoque, au besoin, les mesures nécessaires pour que la libération des contribuables s'opère successivement et sans interruption. L'adjudicataire, de son côté, plus particulièrement soumis à l'action de cet agent, pour tout ce qui concerne l'exécution, est mis à l'œuvre, et c'est sous cette double surveillance que, comme le ferait un piqueur salarié, mais avec plus de persévérance et de zèle, parce qu'il y est personnellement intéressé, il veille à ce que les prestataires remplissent convenablement leur tâche et ne puissent, sous de vains prétextes, se soustraire en tout ou en partie à leurs obligations, et pour cela il tient une note exacte du travail exécuté ou des fournitures faites par chacun d'eux. Cette note, communiquée tous les jours au maire ou au garde-champêtre qui, aux termes de la plupart des réglemens sur l'exécution de la loi, doit être présent sur les travaux le plus souvent possible, cette note, dis-je, donne les moyens de s'assurer si chaque contribuable a rempli sa tâche.

C'est, grâce à ce système d'adjudications généralement apprécié aujourd'hui, que l'administration parviendra, je l'espère, à obtenir que partout les travaux soient en totalité concentrés, dans la limite des ressources disponibles, sur une ou deux lignes, tout au plus, par commune ; qu'ils ne commencent nulle part sans que l'agent-voyer se soit préalablement rendu sur les lieux, pour marquer l'emplacement des ateliers de prestation, les points à élargir, redresser, relever, abaisser, etc. ; que tous les mouvemens de terre, plus particulièrement confiés aux prestataires, soient terminés dans le printemps, afin de pouvoir asseoir, à la fin de la campagne, la dernière couche des chaussées d'empierrement sur un terrain compact et solide ; qu'enfin, les matériaux ne soient jamais employés par l'adjudicataire que sur l'autorisation de l'agent-voyer.

Travaux.

Dès que les actes d'adjudication ont été approuvés, les agens-voyers reçoivent, avec l'avis de cette approbation, les instructions nécessaires pour mettre, de concert avec les maires, les adjudicataires à l'œuvre. Ils se transportent successivement, à jour fixe (1), dans chacune des communes de leur circonscription, pour déterminer, par

(1) C'est à ce moment que commence la première tournée dont nous avons parlé page 101. Voici en quels termes est conçue la circulaire par laquelle l'agent-voyer d'arrondissement, informe les maires de l'époque du transport de l'agent-voyer cantonnal dans chaque commune de sa circonscription :

L'Agent-Voyer d'arrondissement à Monsieur le Maire d

   Monsieur le Maire,

J'ai l'honneur de vous informer que M.   agent-voyer de la circonscription de   doit se rendre dans votre commune le   à   heure d

Cet employé est chargé de se concerter avec vous : 1° sur les mesures à prendre pour l'exécution des travaux adjugés dernièrement, conformément aux dispositions de l'article 9 du devis ; 2° sur l'application du 2e § de l'article 10. En même temps, et en conformité de l'article 12 de l'arrêté réglementaire approuvé le 19 février dernier, M.   devra prendre les notes nécessaires pour la rédaction du devis des travaux à exécuter sur vos chemins en 184 , afin qu'à la formation du budget de cet exercice, vous puissiez demander à votre conseil municipal, les crédits jugés nécessaires pour cet objet.

J'ai appelé d'une manière particulière l'attention de MM. les agens-voyers sur la nécessité d'assurer immédiatement l'exécution des mesures relatives à l'élagage,

des piquets, les plans d'élargissement à la main, ou d'après les bornes placées antérieurement, la largeur, la direction et le nivellement des portions de chemins à réparer. Ils s'entendent, en même temps, avec les maires et les entrepreneurs, pour la délivrance des ordres de libération.

A partir de l'ouverture de la campagne, chaque agent-voyer cantonnal est tenu de remettre à l'agent-voyer d'arrondissement, aussitôt après chaque tournée, un état général et détaillé de la situation du service dans chaque commune. L'agent-voyer d'arrondissement doit, de son côté, non-seulement suivre tous les détails du service qui lui est spécialement confié, mais encore faire de fréquentes tournées dans les circonscriptions de ses subordonnés. Il en soumet le résultat au préfet, et provoque, au besoin, toutes les mesures propres à suppléer, soit à l'inaction des autorités locales, soit à la négligence des adjudicataires.

Les travaux doivent être partout, et sont, pour la plupart, en état de réception définitive au 31 octobre.

Liquidation des travaux et des ressources.

Dans les derniers jours de novembre, il est procédé à la liquidation des travaux et des ressources de l'exercice, et particulièrement à celle des prestations.

Les receveurs-municipaux sont appelés, d'un autre côté, à indiquer le nombre des journées tombant en non valeur, comme indûment imposées et irrécouvrables. L'agent-voyer d'arrondissement se trouve ainsi à même d'établir exactement la situation définitive des ressources restant disponibles, et de régler l'usage qui pourra en être fait, soit

---

mais surtout à l'enlèvement immédiat des arbres qui existent sur le sol des chemins. (Article 113 du réglement dont je viens d'avoir l'honneur de vous entretenir).

Ils tiendront également la main à ce que les haies vives soient réduites à $1^m 50$ c. au-dessus du sol naturel.

Ils devront enfin s'occuper de tout ce qui concerne l'écoulement des eaux. (Article 112 du réglement).

Agréez, etc.

pour achever les travaux adjugés, s'ils ne le sont pas encore entièrement, soit pour d'autres travaux qui doivent être exécutés dans un
bref délai.

Une fois cette situation bien établie, il est procédé à la liquidation
générale des travaux et des ressources de l'année. Les chiffres qui se
déduisent de l'état produit à cette occasion, forment le montant, soit
des prélèvemens à imputer sur les ressources de l'exercice suivant,
pour solder les dépenses de l'exercice clos, soit des excédans disponibles
destinés à accroître la masse des ressources de l'année suivante.

Comptabilité.

L'agent-voyer d'arrondissement remet au commencement de chaque
trimestre, un état de situation sommaire des dépenses faites au dernier
jour du trimestre écoulé.

Ces états ne sont que des extraits des livres de comptabilité. L'un de
ces livres comprend les comptes ouverts de chaque entreprise ; il men-
tionne le progrès des dépenses faites et les certificats de paiement successivement délivrés. Un second présente, pour chaque commune,
d'une part, le montant et la nature des ressources propres à chaque
exercice, et le tableau analytique des prix du détail estimatif ; de
l'autre, la quotité des dépenses faites tant en argent qu'en nature,
pour chaque entreprise, et enfin l'importance des travaux de toute
nature à exécuter dans chaque commune.

Au moyen de ces deux livres, on peut, chaque jour de l'année,
donner une situation du service, et suivre, en tout temps, la relation
des ressources et des dépenses.

CHAPITRE II.

Importance du choix des entrepreneurs.

Les divers entrepreneurs qui se chargent des travaux des chemins, n'offrent généralement pas toutes les garanties de solvabilité désirables, et cependant il est assez difficile d'exiger d'eux un cautionnement quelconque, parce que les frais et les avances à faire deviendraient par trop considérables, et que, d'un autre côté, les opérations auxquelles ils se livrent, sont trop peu importantes pour leur fournir des moyens d'existence pendant un laps de temps suffisant.

Les personnes qui ont des terres à cultiver, n'abandonneront jamais le certain pour l'incertain. Celles qui ne possèdent rien et qui ne peuvent pas compter sur une occupation assurée, pendant un certain laps de temps, cherchent nécessairement à frauder, pour réaliser le plus grand bénéfice possible ; et si elles viennent à reconnaître qu'elles n'ont aucune chance d'en arriver là, elles abandonnent les travaux, sans qu'il soit possible de les contraindre à remplir leurs engagemens.

Il serait donc à désirer que l'exécution des travaux des chemins vicinaux, par adjudication, devînt un état, une profession, comme cela existe pour les travaux des routes royales, ou départementales et même des chemins de grande communication. Tout le monde y gagnerait, par la raison que les travaux seraient essentiellement mieux exécutés, les opérations de chaque année mieux coordonnées et, enfin, les résultats en général beaucoup plus satisfaisans, sous tous les rapports.

J'ai dit que les personnes qui sont occupées à l'exploitation d'une ferme ou de leur propriété, n'abandonneront pas le certain pour

8

l'incertain ; je dirai, en outre, que les cultivateurs sont généralement peu propres aux travaux des chemins ; mais j'ajouterai que tout, dans ce bas monde, se réduisant à peu près, à une affaire d'argent, du moment où l'on sera en mesure d'offrir à des hommes laborieux, l'espoir de gagner autant et même plus, en se livrant aux travaux des chemins, qu'à ceux des champs, on les trouvera disposés à prendre des entreprises, à servir avec zèle et dévoûment, par la raison que rien n'attache l'homme à une carrière quelconque, comme la perspective d'un bénéfice possible, encore bien qu'il n'ignore pas qu'on exigera de lui qu'il fasse strictement son devoir.

Pour atteindre ce but, la première condition serait de ne pas borner les entreprises à une année seulement, mais de rédiger des projets de 1,000 fr. à 1,200 fr. pour les plus petites communes, et de 4 à 6,000 fr. pour les autres, en calculant la moyenne des ressources annuelles de chaque localité, de manière à pouvoir acquitter la dépense en trois années. Il résulterait de là qu'on aurait des tracés plus réguliers, des opérations mieux coordonnées, que la surveillance des agens spéciaux serait plus active, puisqu'il y aurait moins d'écritures à faire, et qu'enfin, on obtiendrait une économie assez importante, puisqu'il y aurait beaucoup moins de frais et de faux frais. On créerait ainsi une position à tout homme courageux, honnête et intelligent, qui voudrait se livrer aux travaux des chemins, et on trouverait de bons ouvriers qui s'attacheraient à l'administration.

Si, pendant une campagne, ils éprouvaient des pertes occasionnées par l'intempérie des saisons, ils auraient l'espoir d'être plus heureux, les campagnes suivantes. Ils pourraient, d'ailleurs, s'occuper de leurs travaux à peu près toute l'année, et employer un très petit nombre d'ouvriers, en profitant des époques où l'agriculture a le moins besoin de bras et pendant lesquelles, par conséquent, le prix des journées est moins élevé.

S'il arrivait que l'on fît de mauvais choix pour quelques communes, il n'en résulterait pas de grands inconvéniens, parce que l'on pourrait tenter une réadjudication à la folle enchère, et, sans aucun doute, il se présenterait de nouveaux concurrens, dût-on élever un peu les prix des devis.

L'application de ce système donnerait les moyens d'obtenir d'excellens résultats, j'en ai l'intime conviction; mais pour qu'il ne laissât rien à désirer, il ne faudrait jamais permettre qu'un seul et même entrepreneur se rendît adjudicataire de travaux à exécuter sur le territoire des communes trop éloignées les unes des autres. Quand les projets comprendraient une grande longueur de chemin ou des ouvrages d'art d'une certaine importance, on devrait exiger que l'entrepreneur en surveillât lui-même l'exécution, à moins que l'administration ne l'autorisât à se faire remplacer par un homme offrant toutes les garanties de capacité désirables.

Pour me résumer en peu de mots, je dirai que ce serait peut-être un tort de n'admettre à concourir aux adjudications, que des personnes réellement solvables; il suffirait le plus souvent, d'exiger un certificat d'un ingénieur ou d'un agent-voyer d'arrondissement, constatant que celui auquel il aurait été délivré, est capable non-seulement d'exécuter des travaux de chemin, mais encore qu'il peut seconder efficacement l'administration dans l'emploi de la prestation en nature : chose beaucoup plus importante qu'on ne le pense généralement.

CHAPITRE III.

Nécessité de créer des cantonniers pour l'entretien des chemins.

S'il est essentiel de choisir de bons entrepreneurs pour confectionner les chemins, il ne l'est pas moins d'établir des cantonniers pour les entretenir. Je dirai plus : si les communes ne se décident pas à faire quelques sacrifices pour rendre cette mesure possible, elles n'auront jamais de chemins en bon état, quelle que soit l'importance des sommes qu'elles affectent à l'exécution des travaux neufs.

Mais peu de personnes me paraissent avoir compris combien il est facile de créer un bon cantonnier, même dans les petites communes qui n'ont pas de revenus considérables ; et dans les localités où l'on peut disposer de ressources suffisantes pour en payer un, il est généralement si mal dirigé que les chemins ne profitent pas, le moins du monde, des sacrifices que l'on fait pour les rendre viables et les maintenir en cet état ; il y a certainement d'heureuses exceptions, mais elles sont rares.

Peu de communes ont assez de longueur de chemins confectionnés, pour employer un cantonnier pendant une année entière. Dans la belle saison, d'ailleurs, il y a beaucoup moins à faire sur les chemins vicinaux, que pendant l'hiver ; aussi, je croirais pouvoir assurer, sans crainte de me tromper de beaucoup, qu'il y a un très petit nombre de communes auxquelles un cantonnier soit réellement utile, pendant plus de six mois de l'année, et il y en a au moins les quatre cinquièmes qui ne pourraient l'entretenir que pendant deux mois.

Je n'entends dire *ni six ni deux mois* sans désemparer, sans cesser de travailler aux chemins ; je suppose un travail de 60 ou de 180 jours, à diverses époques de l'année, mais surtout depuis le premier novembre jusqu'à la fin d'avril.

Toutefois, si l'établissement de cantonniers est le moyen le plus sûr et le plus économique de parvenir à entretenir les chemins d'une manière convenable, il faut bien prendre garde qu'ils ne sont nécessaires que pour ce qui concerne l'entretien : les employer à l'exécution de travaux neufs, sans exercer une surveillance de tous les instans, c'est faire inutilement de grands sacrifices.

Je pourrais, pour en donner la preuve, citer bon nombre de communes qui paient un cantonnier fort cher depuis plusieurs années déjà, et qui n'ont pas encore deux cents mètres courans de chemin en bon état.

Pour faire profiter une commune des sacrifices qu'elle s'impose, dans l'intérêt de ses chemins, il faut donc qu'elle s'occupe de l'établissement d'un cantonnier, mais à de certaines conditions que je vais faire connaître.

La première, c'est de ne l'employer qu'à faire des réparations ou des travaux d'entretien, pendant la saison convenable, et par conséquent, de ne lui accorder qu'un traitement proportionnel à la longueur de chemin qui se trouve en bon état.

La seconde, c'est de faire en sorte que le cantonnier soit cependant occupé la plus grande partie de l'année aux travaux des chemins, afin qu'il se mette au fait des bonnes méthodes à suivre pour obtenir les meilleurs résultats possibles, et qu'il s'attache à sa profession, parce qu'elle lui donnera des moyens d'existence assurés.

Pour en arriver là, les grandes communes peuvent voter la somme nécessaire pour entretenir un cantonnier pendant dix mois, et lui en accorder deux pour la moisson.

Celles qui ont moins à faire et qui ont aussi moins de ressources à leur disposition, peuvent se réunir pour former, en commun, la dépense d'un cantonnier, de manière à ce que chacune d'elles l'ait à sa disposition, pendant un nombre de jours égal à deux mois.

Il suffit d'une réunion de cinq, pour obtenir les résultats les plus satisfaisans, pour rendre la charge supportable, par la raison qu'avec 300 francs pour dix mois, en lui laissant le temps de faire sa moisson, on trouvera facilement un excellent ouvrier.

Ce serait, au pis aller, une somme de 60 fr. pour chaque membre de l'association ; or, je le demande, quelle est la commune qui ne peut pas prélever 60 fr. par an sur son budget? Je répondrai qu'il n'en existe pas une seule qui se trouve dans ce cas là. On peut donc faire de bonnes choses, et pourquoi ne les fait-on pas ? Parce que chaque commune se considère comme une petite république indépendante, et croit de sa dignité de s'isoler de ses voisines, au lieu de réunir ses efforts à ceux qu'elles pourraient faire en commun, pour obtenir de résultats.

Je ne considère pas un cantonnier seulement comme une machine destinée à épandre des cailloux, à remplir des ornières, à faire écouler les eaux. Je vois en lui un agent spécial que l'on peut charger de la police des chemins, sous le rapport de l'élagage, des plantations, de l'écoulement des eaux, des dégradations enfin que peuvent commettre les riverains des chemins.

Je le considère comme un auxiliaire de l'autorité municipale, un piqueur que l'on peut charger des soins de veiller à ce que les prestataires s'acquittent de leur tâche, en fournissant aux entrepreneurs des matériaux, ou en exécutant des travaux pour une somme égale au montant de leur cote.

Ce sera un piqueur *surveillant* seulement, ou un piqueur *travaillant*, suivant que l'administration le jugera plus utile à ses intérêts, ce qui dépendra souvent de l'importance des travaux neufs à exécuter et surtout du montant de la prestation en nature, à appliquer à ces travaux.

Les maires et les agens-voyers peuvent se concerter à cet égard, et prescrire ce qui leur paraîtra le plus convenable.

Dans le cas assez rare, où le cantonnier ne serait seulement que piqueur *surveillant*, la commune le paierait directement, à-compte sur son salaire des deux mois; dans le second cas, il serait payé par l'entrepreneur, puisqu'il travaillerait pour son compte pendant que durerait l'exécution des travaux neufs ou au moins pendant l'emploi de la prestation.

On comprend aisément que rien n'empêcherait de fixer pour chaque commune, les époques auxquelles la prestation devrait être employée, de manière à ce que le cantonnier fût toujours présent sur les travaux, par la raison fort simple que l'emploi de la prestation peut très-bien ne durer que dix jours dans chaque localité, et que, prises deux à deux, il n'y aurait que trois périodes, ce qui ne donnerait lieu à aucune difficulté sérieuse, parce qu'il y a des communes qui sont tellement rapprochées l'une de l'autre, qu'il est facile de surveiller les travaux qui s'exécutent simultanément dans chacune d'elles.

On serait toujours à même, d'ailleurs, de régler les choses de manière que les gardes-champêtres se trouvassent sur les travaux, pendant les rares absences du cantonnier. On ne ferait ainsi qu'une chose strictement légale, puisque tous les réglemens rédigés en exécution de la loi du 21 mai 1836, renferment une disposition qui rend l'intervention du garde-champêtre obligatoire, dans l'emploi de la prestation, pendant toute la durée des travaux.

Pendant mon séjour dans le département de la Manche, j'ai eu généralement sous mes ordres 5 brigadiers et 25 cantonniers, pour lesquels je ne dépensais, chaque année, que 8,000 fr. quand on aurait dû m'en allouer 14,000. Je faisais ainsi une économie de 6,000 fr., et j'obtenais ce résultat, en mettant en pratique les mesures que je viens d'indiquer ; je puis donc dire à ceux qui douteraient : j'ai pour moi l'expérience des faits ; j'ajouterai à cela que jamais l'on ne m'a adressé un seul reproche sur l'état des chemins dont j'étais chargé, encore bien que je n'eusse que le nombre d'employés réglementaire et que je les détachasse, à tour de rôle, avec les entrepreneurs, pour surveiller la prestation pendant cinq mois de l'année.

On ne perdra pas de vue qu'en agissant ainsi, nous nous conformions rigoureusement aux dispositions de l'instruction du 24 avril 1836, en ne mettant pas en présence, les prestataires et les entrepreneurs.

CHAPITRE IV.

De la construction proprement dite.

De tout ce qui précède, on a pu conclure que notre intention n'est pas de faire un traité de construction proprement dit; nous avons plus particulièrement en vue de faire connaître à chacun, les droits qu'il peut exercer et les devoirs qui lui sont imposés, afin d'éviter ces tracasseries, ces embarras qui paralysent l'action de l'administration, et l'empêchent de faire tout le bien possible.

Je ne suppose pas que personne s'abuse sur la portée de l'expression que j'emploie; quand je dis *empêcher*, j'entends que le zèle des administrateurs les mieux intentionnés se refroidit, quand ils rencontrent une opposition mesquine, tracassière, et qu'il peut arriver qu'ils n'exercent que rarement les droits qu'ils tiennent de la loi du 21 mai 1836, quand ils reconnaissent que l'on n'apprécie pas le bien qu'ils veulent faire.

Je n'émets pas là une opinion purement hypothétique : je constate un fait qu'il me serait facile de prouver.

Il faut, pour faire le bien, beaucoup plus de courage qu'on ne le pense généralement ; il faut une force peu commune, pour s'acquitter convenablement de ses devoirs, pour ne pas céder aux exigences de l'intérêt particulier, pour soutenir une lutte incessante contre la malveillance, contre les mécontens, contre les esprits à courte vue, enfin, qui repoussent toute innovation, comme un sacrilège, et qui tiennent d'autant plus aux anciennes habitudes, qu'elles étaient plus abusives.

Quoique je n'aie pas eu l'intention, je le répète, de faire un cours de construction, je n'en dirai pas moins un mot des méthodes que j'ai vu appliquer jusqu'à présent à la confection des chemins, de celles que j'ai appliquées moi-même, et dont j'ai pu constater les résultats.

Mais avant d'en arriver là, je crois devoir entrer dans quelques détails relatifs au tracé des chemins vicinaux en général.

Voici ce que je disais il y a quelques années, à propos des chemins de grande communication, dans le mémoire dont j'ai parlé dans l'introduction de cet Essai :

« Les chemins vicinaux sont en général très irréguliers, et c'est un
» grave inconvénient que d'être obligé, le plus souvent, de se borner
» à de simples élargissemens, sans pouvoir faire de nombreuses
» rectifications, même dans les divers cas où de trop fortes pentes ne
» font pas une loi d'abandonner les anciennes directions, sur une
» longueur plus ou moins considérable.

» Peu de personnes ont compris l'importance de redressemens
» *raisonnés*; on n'a eu égard qu'aux indemnités de terrain à payer,
» et on est venu à dire : *suivez les chemins partout, nous aurons*
» *moins de dépenses à faire*.

» Il résultera de là que les chemins seront plus ou moins réguliers,
» suivant que les communes auront fait preuve de plus ou moins de
» bonne volonté, suivant, surtout, que les agens-voyers auront montré
» plus ou moins de zèle, plus ou moins de goût. »

Si la question de redressement n'avait été considérée qu'au point de vue de la régularité des chemins, je comprendrais que l'on pût rencontrer des obstacles d'autant plus sérieux, que l'on n'aurait pas de raison assez puissante pour vouloir satisfaire l'œil, en dépensant beaucoup d'argent, quand les ressources ne suffisent pas pour faire ce qui est rigoureusement nécessaire; mais souvent il n'en est pas ainsi. Il y a, en effet, des circonstances où les redressemens offrent, outre un coup d'œil agréable, de grands avantages pécuniaires, parce qu'ils donnent les moyens de diminuer considérablement le parcours d'un point à un autre, en exécutant moins de travaux de terrassement, en plaçant, d'ailleurs, l'assiette du chemin dans des conditions bien plus favorables, sous le rapport de l'entretien.

Aussi, toutes les fois que l'on se trouve dans une position à pouvoir obtenir quelques-uns de ces avantages, sinon tous à la fois, il ne me semblerait pas raisonnable de se dispenser de faire tout ce qui est possible pour en arriver là.

Je dirai, pour me résumer à ce sujet, que s'il faut chercher à éviter de trop grandes dépenses d'indemnité, des froissemens d'intérêts et des obstacles, on ne doit pas pousser jusqu'à l'abus, le principe qui conseille de pas s'obstiner à tracer des lignes absolument droites, lorsqu'il doit en résulter trop de dépense et d'opposition.

Je suis heureux de déclarer que, sous ce rapport, je trouve MM. les maires de l'arrondissement dont je suis chargé, généralement très-bien disposés : c'est une justice que je leur rends avec beaucoup de plaisir. (1)

Avant d'avoir lu le traité de construction de M. Dumas, ingénieur en chef des ponts et chaussées, j'avais expérimenté l'excellent système qu'il développe avec un talent remarquable; j'en avais fait l'application sur plusieurs chemins de grande communication, dont j'étais chargé dans le département de la Manche, et jamais aucun mécompte n'est venu tromper mon attente.

C'est donc à M. Dumas que je vais emprunter une partie des développemens particuliers de la question; voici ce que j'écrivais dernièrement, à ce sujet, aux agens-voyers placés sous mes ordres :

(1) Dès le début, nous avons fait plusieurs redressemens importants, et, le plus souvent, ils nous ont été demandés par MM. les maires eux-mêmes.

» Cela dit, je vais entrer dans quelques détails dont l'ensemble
» combiné avec les dispositions de ma grande instruction, complétera
» ou à peu près, si je puis m'exprimer ainsi, le code de vos devoirs et
» de vos droits. »

» Dans l'instruction générale que je viens de vous rappeler, je vous
» parlais, entre autres choses relatives à l'exécution des travaux, du
» bombement à donner à la forme d'encaissement, et je vous disais
» qu'il doit être le même que celui de l'empierrement ; je vous recom-
» mandais de faire ce que j'ai fait pendant sept ans, comme chargé
» de chemins de grande communication. Mais, depuis, j'ai reconnu
» que cette méthode, qui produisait d'excellents résultats dans les di-
» vers cas où je l'ai appliquée, laisse assez généralement beaucoup à
» désirer, sur les chemins vicinaux ordinaires de l'arrondissement de
» Beauvais. J'avouerai, toutefois, que ce qui arrive, peut être attri-
» bué autant à votre peu d'habitude des travaux qu'au manque de
» bonne foi que l'on rencontre trop souvent dans les entrepreneurs ;
» quoiqu'il en soit, c'est un fait constaté, c'est un fait grave qui, je
» l'espère, ne se renouvellera pas.

» Quand on possède la science pratique des travaux, et que l'on
» se trouve à même de surveiller attentivement ce qui se fait ; quand,
» surtout, on a, pour entrepreneurs, d'honnêtes gens, des hommes
» capables, il est très-certain qu'en donnant à l'encaissement à peu près
» la même forme que celle de la chaussée, on obtient généralement
» d'excellents résultats. Malheureusement, nous ne nous sommes pas
» trouvés dans des circonstances semblables, et nous avons, sur quel-
» ques points, des travaux qui laissent à désirer ; car voici comment ont
» agi quelques-uns de nos entrepreneurs : au lieu de faire un encais-
» sement en forme d'arc surbaissé de 0,06 à 0,07 de flèche, ils ont
» formé un triangle dont le sommet était seulement très-légèrement
» arrondi, de manière que les chaussées, au lieu d'avoir une épaisseur
» uniforme, en ont infiniment peu sur le milieu et beaucoup trop
» dans les parties qui avoisinent l'accottement.

» Pour me bien comprendre, il vous suffira de jeter les yeux sur
» les figures nᵒˢ. 1 et 2 ci-contre. (Voir, pour ces figures, la planche
» qui se trouve à la fin de cet Essai).

» Vous reconnaîtrez aisément combien la dernière forme est vi-
» cieuse, et combien elle est favorable aux entrepreneurs, quand on ne
» surveille pas très-attentivement leurs travaux.

» Je rendrai justice à qui de droit, en disant que quelques adju-
» dicataires se sont montrés consciencieux, en mettant autant de ma-
» tériaux sur le milieu que sur les côtés ; mais, alors nous avons eu
» un bombement excessif et nous éprouverons beaucoup de peine à
» obtenir l'agrégation des matériaux, ce qui, pendant quelques années,
» rendra la plupart de nos chemins très-difficiles de parcours.

» Encore bien que le personnel des agens-voyers soit augmenté,
» il serait difficile d'obvier totalement à ce double inconvénient, si l'on
» ne modifiait pas essentiellement les conditions d'exécution ; j'ai donc
» dû rechercher le moyen que nous pourrions employer, pour pré-
» venir les suites de la mauvaise foi de quelques entrepreneurs, de
» l'ignorance du plus grand nombre.

» Pendant que je m'occupais de cet objet, le mémoire de M. Dumas
» m'est parvenu, et j'ai trouvé dans cet excellent ouvrage, non-seu-
» lement ce qui est relatif à la forme des encaissemens, mais encore,
» et, érigée en principes, la méthode que j'avais suivie dans la
» Manche, pour la composition de l'empierrement.

» Au lieu d'être bombée, la forme d'encaissement doit être établie
» à-peu-près horizontalement, et le bombement de la chaussée formé
» par les matériaux qui servent à l'empierrement. Il n'y a plus alors
» de fraude possible et la chaussée est ce qu'elle doit être (1), c'est-
» à-dire qu'il y aura une couche de matériaux de 0^m 14 c. d'épaisseur
» sur les côtés et de 0^m 20 c. sur le milieu, ce qui fait une épaisseur
» moyenne de 0^m 17 c.

» Ces dimensions ne sont rien moins qu'absolues ; mais elles peu-
» vent servir de base pour tous les cas.

» Dans les communes où l'on trouve à proximité de la marne ou du
» calcaire tendre (2), du tuf et même du schiste, il faut avoir soin

---

(1) Figure 3, planche unique.

(2) Le calcaire tendre et la marne sont d'un excellent emploi surtout dans les terrains sableux et dans les terres légères où il serait très difficile, au contraire, de faire une bonne chaussée, si l'on n'avait que des matériaux durs à sa disposition.

» d'en employer pour former la première couche de l'empierrement ;
» ce système nous donnera les moyens de faire des longueurs de chaus-
» sées plus considérables, et aura, d'ailleurs, l'avantage de rendre
» dans très peu de temps, les chemins faciles de parcours, sans qu'ils
» soient moins bons, puisque la dureté des matériaux ne présente
» véritablement un grand avantage, que pour la composition de la
» couche supérieure, destinée à supporter l'action directe des voitures.
» Dans un bon système d'entretien, la couche inférieure ne devant
» jamais être attaquée par les roues, *il suffit* qu'elle soit formée de
» *matériaux lians*, afin de pouvoir seulement intercepter la commu-
» nication avec le sol, et le mettre à l'abri des influences atmosphé-
» riques.

» Si l'on pouvait se procurer, à-peu-près au même prix, des maté-
» riaux durs et tendres, il n'y aurait rien de mieux à faire que de les
» employer sur toute l'épaisseur de la chaussée. Si, au contraire,
» les matériaux durs sont rares, on doit, comme je le disais tout à
» l'heure, les réserver pour la couche supérieure que l'on peut faire
» d'autant plus mince qu'ils sont plus chers. Mais ce serait une dépense
» à-peu-près en pure perte, que de se dispenser d'en employer, quel
» que soit le prix de revient (1).

» Dans le cas où l'on ne peut se procurer que des matériaux de
» cette nature, il est indispensable de faire la chaussée en deux couches,
» en saupoudrant la surface de la première, de matières liantes, sur une

(1) Dans plusieurs communes du département de la Manche où l'on n'avait employé que du calcaire tendre de 1824 à 1837, les chemins se trouvaient encore, au moment de l'organisation définitive du service, dans le plus mauvais état, quoi que l'on eût fait des dépenses considérables pour les entretenir.
A notre entrée en fonctions, nous conseillâmes à MM. les maires d'employer du gravier, à titre d'essai, pour saupoudrer seulement la surface de leurs chaus-sées. Mais comme ces matériaux coûtaient généralement fort cher, parce que les chemins qui conduisaient aux carrières, étaient tout-à-fait impraticables, nous éprouvâmes d'assez grandes difficultés à faire adopter les mesures que nous jugions nécessaires ; cependant la plupart cédèrent. Les premiers résultats que nous obtînmes, justifièrent complétement nos prévisions et on ne tarda pas à reconnaître que, malgré le prix fort élevé du gravier, il y avait un très grand avantage à l'employer à la couche supérieure. Des chemins cahotans, boueux, devinrent, en fort peu de temps, unis, propres, très faciles de parcours et d'un entretien peu coûteux.

» épaisseur de deux à trois centimètres. Après quoi on peut compléter
» l'épaisseur de la chaussée, en saupoudrant de nouveau la surface
» supérieure.

» Les proportions du saupoudrage, dépendant de beaucoup de cir-
» constances, ne sauraient être exactement précisées. Il peut arriver
» que la dose soit trop forte ; mais c'est là un faible inconvénient, par
» la raison que si les matières terreuses sont en trop grande quantité,
» la pression des roues les fait remonter à la surface d'où elles peuvent
» facilement être enlevées au moyen d'un rabot en bois, pendant le
» délai de garantie imposé aux entrepreneurs.

» Pour me résumer, en quelques mots, en ce qui concerne cet
» objet si important, je vous dirai que l'essentiel est de mettre en con-
» tact, des matériaux dont les qualités contraires se neutralisent, en
» amenant promptement un état d'équilibre stable.

» J'ai reconnu qu'une chaussée très mince, imprégnée, de toutes
» parts, d'une terre forte, à l'état de boue et cédant sous les moindres
» charges, se raffermit à l'instant, et devient bientôt unie, saine et
» parfaitement résistante, par le simple étendage d'une couche de
» sable de quelques centimètres d'épaisseur. L'effet en est si prompt
» et si complet, que l'on ne peut s'en former une idée juste sans en
» avoir été témoin (1).

» Si la mise en contact des matériaux dont les qualités se neutra-
» lisent est une chose si importante, quand on veut arrêter l'écrase-
» ment et empêcher les dégradations de toute sorte, résultant de la
» mobilité des matériaux durs, vous devez comprendre que tous nos
» efforts doivent tendre vers ce but, c'est-à-dire que nous devons nous
» préoccuper sérieusement du soin de remplir cette condition indis-
» pensable. »

---

(1) L'année dernière, quelques habitans d'un hameau de l'arrondissement de
Beauvais, se plaignirent à M le préfet qu'un chemin confectionné dans des conditions fort difficiles, se trouvait en très mauvais état, quelques jours à peine
après la réception provisoire des travaux. Je reçus l'ordre de me rendre sur les
lieux, pour vérifier les faits. Je reconnus que les réclamans avaient raison ; mais
je les rassurai en leur promettant que bientôt leur chemin ne laisserait plus rien
à désirer. Je donnai, en conséquence, des instructions à l'entrepreneur qui fit
apporter une certaine quantité de sable et en fit étendre une couche de quelques
centimètres sur les points où le chemin était en mauvais état : quatre ou cinq
jours après, la chaussée était unie, saine et parfaitement consistante.

Je ferai remarquer, en passant, que le plus ou le moins de dépense à faire n'est pas ici la seule chose que l'on doive examiner ; la question intime, la considération réellement dominante consiste dans la facilité de communication donnée à l'agriculture , au commerce intérieur, dans la jouissance la plus prompte possible , enfin , des avantages que procure toujours aux populations, la mise des chemins en état de viabilité.

Mais comme tout se lie en fait d'améliorations matérielles , les mesures les plus économiques sont aussi celles qui sont les meilleures , *et vice versâ*. En effet , les avantages que nous venons de signaler, s'obtiennent sans faire autant de dépense que l'on en fait généralement , sans pouvoir compter sur des résultats réellement satisfaisans. Ce que je dis là pourrait paraître un paradoxe aux personnes qui ne se donnent pas la peine d'examiner le fond des choses ; mais je serai parfaitement compris par les gens qui ont la bonne habitude de réfléchir, avant d'émettre une opinion.

Quand on veut travailler pour le présent et pour l'avenir, il faut ou faire beaucoup et bien , en s'imposant de grands sacrifices , ou faire bien seulement, dans la limite des ressources dont on peut disposer annuellement.

Pour faire bien , dans ce dernier cas, il faut se résigner à faire peu ; l'on arrive ainsi à obtenir des résultats satisfaisans pour le présent, en laissant en même temps , pour l'avenir, des travaux qu'il suffira d'entretenir ; ce qui coûte d'autant moins que l'on a pris plus de soin dans le premier établissement du chemin, et que l'on se préoccupe plus particulièrement de l'entretien , ce qui dispense de recommencer sur nouveaux frais.

Ainsi, d'une bonne exécution résultent tous les avantages que l'on doit rechercher, quand il s'agit de voies de communication quelconques : économie , solidité et facilité de parcours.

— Cela dit, je reviens à mon instruction :

« Il ne s'agit pas de faire des couches égales ; on peut, à la rigueur, » se borner à saupoudrer, si je puis m'exprimer ainsi , à saupoudrer, » dis-je , la surface de la première couche de matériaux tendres , » avec du silex anguleux et réduit à la moindre grosseur possible.

» On vous dira, sans aucun doute, sur certains points, que

» ces matériaux coûtant fort cher, on se trouvera dans l'impossibilité
» de faire de grandes longueurs de chaussée et que, par conséquent,
» les chemins ne seront jamais entièrement achevés.

» A cela répondez qu'il vaut mieux rester dix, vingt années
» même à construire un chemin qui n'exigera pendant l'éternité
» qu'un entretien peu dispendieux, que de le refaire tous les trois
» ans.

» Si l'on vous dit qu'il est impossible de se procurer des matériaux
» durs, parce qu'il n'y en a pas, ne vous rebutez pas; insistez,
» prenez des renseignemens et vous reconnaîtrez, la plupart du temps,
» que l'on se trompe étrangement.

» La nature, en effet, a pourvu à tout. Il semble même qu'elle ait
» agi en vue de donner les moyens de faire d'excellens chemins, parce
» que généralement, à côté du calcaire ou a de faibles distances, il y
» a, sinon le silex pur, au moins des cailloux siliceux, à des profon-
» deurs plus ou moins considérables.

État des chaussées après l'empierrement.

» Vous avez dû remarquer que lorsque les matériaux sont em-
» ployés, il s'en faut de beaucoup que l'on puisse regarder le travail
» de construction comme terminé; dans cet état, en effet, la chaussée
» est encore à peine praticable pour les voitures, par la raison que les
» roues creusent facilement des frayés dans lesquels elles ne se meu-
» vent qu'avec la plus grande difficulté. La circulation ne devient
» facile qu'au moment où les matériaux ont acquis une certaine fixité
» et forment une masse compacte et résistante.

» Quand la liaison ne s'opère que par le passage des voitures, elle
» a lieu d'une manière lente, irrégulière et avec une grande déperdi-
» tion de forces. Aussi, dans l'intérêt bien entendu des populations,
» doit-on prendre les mesures nécessaires pour qu'il en soit autre-
» ment.

» Pour atteindre ce but, il faut non-seulement vous conformer aux
» indications qui précèdent, mais encore que dans chaque commune
» nous puissions compter sur quelqu'un pour exécuter les menues

» réparations que nécessite une chaussée neuve ; pour veiller à
» l'écoulement des eaux ; pour recharger telle ou telle partie de
» chemin où l'usure s'est trouvée plus grande que sur les autres
» points ; pour combler les frayés, pour conserver enfin le profil nor-
» mal de la chaussée.

» Pour obtenir des résultats complétement satisfaisans, sous ce
» rapport, il faudrait que nous eûssions, à notre disposition, un certain
» nombre d'ouvriers pendant l'année qui suit l'exécution des travaux ;
» mais nous ne pourrions guère imposer cette obligation aux en-
» trepreneurs. Aussi devrons-nous nous borner, à l'avenir, à exiger
» une garantie d'une durée convenable.

» Cette durée peut être réduite, si nous pouvons parvenir à nous
» procurer des matériaux liants, ainsi que je vous le disais tout à
» l'heure, et si, surtout, à défaut d'une assez grande quantité de
» marne en pierre, de schiste ou de calcaire proprement dit, pour en
» former une couche, nous saupoudrons la surface des chaussées en
» silex pur ou en pierres siliceuses, de matériaux d'une nature tendre,
» réduits en fragmens de la grosseur d'un œuf de poule, au plus, de
» gravats, de terre graveleuse ou de marne en poudre, ou même de
» sable.

» L'emploi du rouleau compresseur est généralement impossible
» sur les chemins vicinaux ordinaires, aussi doit-on se préoccuper
» spécialement d'arriver le plus tôt possible aux résultats qu'il donne
» les moyens d'obtenir si promptement.

» L'expérience a fait reconnaître que la dimension des matériaux
» la plus convenable, est celle que nous avons indiquée. Cette
» grosseur est telle que les matériaux présentés dans le sens de leur
» plus grande dimension, peuvent passer à travers un anneau de
» 0,06 de diamètre. Cela ne veut pas dire qu'on ne puisse aller au-
» dessous ; ce serait une grande erreur que de le penser. On peut
» seulement la considérer comme un maximum que l'on ne doit
» jamais dépasser, parce qu'à partir de six centimètres, il est impor-
» tant qu'il y ait des matériaux de toute dimension, afin que les plus
» petits puissent se loger dans les vides laissés par les plus gros, et
» former ainsi une masse compacte.

» On croit généralement, dans les communes, que les chaussées
» composées d'un blocage inférieur et d'une couche de matériaux
» convenablement cassés, peuvent satisfaire à toutes les conditions
» désirables de solidité, de durée et de facilité de parcours, et
» cependant rien n'est moins vrai : il suffit d'un instant de réflexion
» pour s'en convaincre.

» En effet, le blocage inférieur formant une espèce d'enclume et
» les roues faisant l'effet du marteau, la couche supérieure de maté-
» riaux convenablement cassés, ne tarde pas à se trouver broyée et ré-
» duite ou en boue ou en poussière ; la chaussée devient alors cabotante
» et par conséquent très fatigante, et nécessite à chaque instant des
» réparations d'autant plus dispendieuses qu'elles ont besoin d'être
» souvent répétées. Il y a cependant une exception : c'est quand le
» blocage est fait en marne, en calcaire, ou en pierre tendre, et la
» couche supérieure en silex, ou en grès siliceux ; on rentre alors dans
» le système de la combinaison de matériaux de différente nature, et
» l'on peut obtenir, sans contredit, d'excellens résultats.

» Nous avons généralement donné à nos chaussées d'empierrement
» des largeurs insuffisantes (1) : c'était un tort ; car, abstraction faite
» de la dépense de premier établissement, des largeurs plus considé-
» rables offriraient de grands avantages.

» En effet, il importe que les voitures puissent circuler librement
» dans un plus grand espace possible, non moins en vue de prévenir
» des accidens que dans l'intérêt des chemins eux-mêmes, afin que
» l'usure ait lieu d'une manière uniforme, et soit, dès-lors, la plus
» faible possible.

» Aussi, si nous devons nous montrer réservés à cet égard, quand
» il s'agira de chemins en plaine, nous ne devons pas hésiter à propo-
» ser de grandes largeurs d'empierrement pour les chemins étroits,
» bordés de haies ou de maisons, et aux abords des villages. En gé-
» néral, vous devrez toujours considérer 3 mètres comme un mini-
» mum qu'il ne faudra jamais dépasser.

---

(1) Pour ne pas avoir à engager avec les maires, des luttes préjudiciables au
bien du service, nous avions cru pouvoir céder sous ce rapport, en ne donnant
que 2^m 50 de largeur aux chaussées d'empierrement.

9

» Quant à l'épaisseur de l'empierrement, elle est essentiellement
» variable; toutefois, je ne saurais trop vous recommander de vous
» montrer prudents à cet égard.

» Quand il s'agira de chaussées à établir en terrain neuf, il ne faut
» presque jamais adopter une épaisseur au-dessous de $0^m\cdot15$; $0^m\cdot20$
» pourront généralement suffire presque partout; on pourrait, en
» admettant cette base, employer pour la première couche, des ma-
» tériaux d'une nature tendre, et lui donner de 0,10 à 0,12 d'épais-
» seur, ce qui nous mettrait à même de faire de grandes longueurs
» de chemin, à très-peu de frais.

» L'emploi de ces matériaux produit généralement de bons effets en
ᴘ toute circonstance, mais il est indispensable dans quelques cas spé-
» ciaux, comme quand on a à confectionner un chemin dans des terres
» très-meubles ou sablonneuses.

» Dans cette circonstance, en effet, il serait très-difficile, sinon
» impossible, de faire une bonne chaussée, sans marne ou sans cal-
» caire; les grès d'une nature tendre forment aussi un assez bon
» gisement, mais l'emploi du calcaire et de la marne, est évidem-
ᴘ ment préférable.

» Il est bien entendu que quand il s'agira d'anciens chemins déjà
» empierrés, on pourra adopter de très-faibles dimensions.

» Je vous dirai, au sujet de ces chemins, que j'ai remarqué, cette
» année, qu'on était généralement disposé à placer des terres sur
» d'anciennes chaussées fort bonnes déjà et qu'il ne s'agissait plus que de
» profiler. Cette manière d'agir est de tout point contraire à l'intérêt
» bien entendu de la viabilité.

» En effet, si l'épaisseur des terres placées sur un fond solide, n'est
ᴘ pas assez considérable pour qu'elles puissent faire corps d'elles-
» mêmes et former une espèce de plancher, elles ne tarderont pas,
ᴘ pressées qu'elles seront entre l'enclume et le marteau, à remonter
ᴘ au-dessus de l'empierrement et à rendre le chemin réellement im-
» praticable; l'expérience m'a fait reconnaître que des remblais exé-
» cutés dans ces conditions, devaient avoir au moins $0^m\cdot40$ d'épais-
ᴘ seur, et encore faut-il que les terres soient de bonne nature, c'est-à-
» dire végétales ou argileuses; s'il s'y trouvait des glaises, on ne de-
» vrait les employer sous aucun prétexte.

» Je comprends qu'il puisse résulter de là qu'on se trouvera forcé
» d'employer des quantités de matériaux, souvent très-considérables ;
» mais, si l'on se reporte à ce que j'ai dit précédemment, à l'occa-
» sion de l'emploi que l'on peut et même que l'on doit faire de la
» marne, du schiste et du calcaire, on reconnaîtra que la dépense ne
» sera généralement pas hors de proportion avec les ressources dont
» on pourra disposer ; mais, en serait-il autrement qu'il faudrait se
» résoudre à empierrer une moindre longueur de chemin, parce qu'on
» serait certain de pouvoir au moins compter sur des résultats, ce
» qui n'aurait pas lieu dans le cas contraire. »

Je n'ajouterai rien à cet extrait, parce qu'il me paraît réunir tout
ce que l'on peut dire sur la construction des chemins.

La méthode que je crois préférable et que je conseille, a été expé-
rimentée à plusieurs reprises et dans divers lieux, et j'ai toujours pu
constater qu'elle produisait d'excellents résultats.

APPENDICE. --- CHAPITRE V.

Règles applicables aux contestations qui peuvent s'élever entre les communes et les adjudicataires à l'occasion de l'interprétation du cahier des charges, de l'exécution des travaux ou réglement des décomptes d'entreprise.

La loi du 21 mai 1836 n'a rien innové à ce sujet ; et dans l'instruction
du 24 juin suivant, le ministre n'en dit que quelques mots. Je crois
donc faire une chose utile, en indiquant les règles à suivre quand il
s'élève des contestations de la nature de celles dont il s'agit.

On a vu, pages 40, 41, 50 et 51, que quand il est question
de dommages occasionnés à une commune par un entrepreneur, ce
dernier était justiciable du conseil de préfecture ; mais le cas n'est pas
le même, et, cependant, c'est encore ce tribunal qui doit prononcer.

On comprend aisément combien cette manière de procéder offre d'avantages aux deux parties qui n'ont ainsi aucun débours, aucune démarche à faire, pour obtenir prompte et bonne justice.

Je ne m'occuperai pas de discuter plus longuement la question ; je rapporterai seulement les décisions qui ont fixé ce point de jurisprudence, et celles qui ont été rendues pour certains cas particuliers.

Voici comment s'exprime le ministre de l'intérieur, dans l'instruction dont il vient d'être parlé :

« Je ne vous ai rien dit, jusqu'à présent, M. le préfet, des
» travaux qui pourront se faire à prix d'argent, sur le montant des
» cotes qui seront exigibles en argent. Ce sont alors des travaux
» communaux de la même nature que ceux que les communes ont à
» faire exécuter ; ils doivent, selon les cas et selon leur importance,
» être précédés de devis, d'adjudications, de toutes les formes, enfin,
» applicables aux travaux, et dont les règles vous sont trop familières
» pour que je doive entrer dans aucun détail à cet égard. »

Il n'y a là aucune forme indiquée, aucune règle établie ; aussi, existe-t-il encore, dans l'esprit de certaines personnes, quelque incertitude sur la question de savoir quelle est l'autorité appelée à prononcer sur les contestations qui peuvent s'élever, à l'occasion des travaux, entre les communes et les entrepreneurs.

Cependant la jurisprudence est maintenant établie d'une manière invariable, et il est admis et par le Conseil d'Etat et par la cour de cassation, que l'article 4 de la loi du 28 pluviose an VIII, est applicable à toutes les contestations, quelle qu'en soit la nature, qui peuvent s'élever à propos des travaux exécutés sur les chemins, considérés aujourd'hui comme d'utilité publique, par les deux cours souveraines.

Mais, je le répète, j'ai déjà traité la question, en tant qu'il ne s'agit que de contestations qui s'élèvent à l'occasion des dommages, je ne m'en occuperai donc ici, que sous le rapport de la comptabilité et du réglement des décomptes d'entreprise.

La première décision intervenue à ce sujet, est un décret du 30 janvier 1809, ainsi conçu : « Considérant que l'autorité admi-
» nistrative est seule compétente pour statuer sur les contestations
» qui peuvent naître à raison de la recherche et de la réparation des

» chemins vicinaux ; considérant que le sieur Lateulère n'a pu chan-
» ger la compétence établie à cet égard par les lois, en consentant à
» faire juger la contestation par des arbitres , etc. »

Dans le même sens, arrêts des 13 juillet 1825, 9 novembre 1836,
11 et 17 août 1841.

Les auteurs des annales des chemins vicinaux, dans lesquelles je
puise ces renseignemens, font observer que les décisions prises par ces
trois ordonnances, semblent avoir été motivées, pour beaucoup au
moins, sur la circonstance que l'adjudication avait eu lieu devant le
préfet, formes qui sont toujours suivies pour les chemins vicinaux de
grande communication, rarement pour ceux de petite communication.

Mais cette considération ne domine pas aujourd'hui la question,
non-seulement en ce qui concerne les chemins vicinaux, mais aussi
en ce qui est relatif à la plupart des travaux communaux tels que
la construction d'une église, d'une halle, d'une fontaine, d'une
mairie, auxquels des décisions récentes ont reconnu le caractère de
travaux publics.

A *fortiori*, ceux qui s'exécutent sur les chemins vicinaux, doivent
être considérés comme tels, parce qu'ils intéressent le plus souvent plusieurs localités, tandis que la construction d'une église, d'une mairie,
n'intéresse jamais qu'une seule commune. — Aussi, notre opinion
à cet égard a toujours été invariable ; et nous sommes heureux de
reconnaître que, sur ce point, les deux cours souveraines sont tout-à-
fait d'accord, ainsi que le constatent les diverses ordonnances royales
que nous avons rapportées, celles des 30 décembre 1843 et 28 août
1844, et enfin un arrêt de la cour de cassation du 29 août 1839.

Voici quelques décisions applicables à divers cas particuliers :

Un entrepreneur n'est pas responsable de la destruction des travaux
par lui faits, lorsqu'elle provient non de mal façon, mais de faits qui
sont étrangers. (Arrêt du Conseil d'Etat du 13 mars 1840).

Lorsqu'un entrepreneur a accepté purement et simplement le
décompte définitif de ses travaux, ses réclamations contre le décompte
ne sont plus recevables (19 mars 1840).

Lorsqu'un entrepreneur a fait des réserves d'une manière générale,
dans l'acceptation de son décompte, il n'en est pas moins tenu de

présenter dans le délai de dix jours, des réclamations spécifiées et motivées (19 mars 1840).

Lorsqu'un entrepreneur ne s'est pas conformé, dans l'exécution de ses travaux, aux prescriptions du devis, et qu'il ne justifie pas d'ordres écrits qui l'y aient autorisé, il n'a pas droit à ce qu'il lui soit tenu compte de l'augmentation des dépenses (19 mars 1840).

Lorsqu'une régie a été *irrégulièrement* prononcée, l'entrepreneur ne doit supporter de déduction, sur son prix d'adjudication, que pour la somme correspondant, d'après le taux de l'adjudication, à la partie des travaux exécutés en régie (23 avril 1840).

En cas de résiliation d'une entreprise, l'administration n'est tenue de prendre pour son compte que les matériaux approvisionnés par ses ordres (8 juillet 1840). Il résulte du même arrêt qu'un entrepreneur ne peut se refuser, lors du mesurage des travaux, au mode dont l'application a été stipulée dans le devis.

Lorsque l'administration a du faire une réadjudication à la folle enchère, elle n'est tenue de prendre, à l'entrepreneur, ni ses outils, ni ses équipages, ni ses matériaux (13 août 1840).

Lorsque l'administration a ordonné une suspension d'ouvrages pour faire examiner si les travaux exécutés pourraient être conservés, malgré les mal façons commises, il n'est pas dû d'indemnité à l'entrepreneur pour le fait de cette suspension (29 novembre 1840).

Les entrepreneurs doivent fournir leurs réclamations contre le décompte de leurs travaux, dans le délai de dix jours, à peine de déchéance (26 décembre 1840).

Lorsque des sous-détails établis pour être appliqués à des ouvrages imprévus, se composent soit d'élémens tirés des sous-détails primitifs, soit d'élémens puisés dans des expériences, mais qui ont été élevés du montant du rabais de l'adjudication, le prix résultant de ces nouveaux sous-détails, doit subir ledit rabais (2 juin 1843).

Les conseils de préfecture sont compétens pour statuer sur le droit que les entrepreneurs réclament, en vertu de leur cahier de charges ou des lois ou enfin des réglemens, à l'effet de fouilles des terrains pour extraire des matériaux (30 mai 1844).

L'entrepreneur qui fait des fouilles dans les propriétés privées pour l'extraction de matériaux, à charge d'indemnité, doit, s'il n'a pas fait des offres suffisantes, avant l'instance engagée, devant le conseil de préfecture, être condamné aux dépens de cette instance (20 juin 1844).

CHAPITRE VI.

Chemins ruraux.

La loi du 21 mai 1836 n'ayant pour objet que de régler ce qui est relatif aux chemins vicinaux, je n'ai pu m'occuper des chemins ruraux qu'en traitant les questions d'*imprescriptibilité* et *d'aligne-ment*, dont quelques détails sont applicables à toutes les voies publiques. Mais comme j'ai le plus vif désir que mon ouvrage soit de quelque utilité aux personnes qui croiront devoir le consulter, j'ai cru bien faire, en entrant dans quelques détails sur la législation relative à ces voies de communication dont plusieurs sont, sans contredit, d'une très grande importance.

Je tiendrai ainsi l'engagement que j'ai pris, de réunir dans un seul recueil, *la plupart des documens législatifs* qui ont quelque rapport aux chemins en général.

Mais, à part l'opinion que j'ai émise au sujet de l'*imprescriptibilité* et de la question *d'alignement*, je me bornerai à rapporter quelques-unes des dispositions, sur les chemins ruraux, d'une circulaire de M. le préfet de la Manche, du 20 février 1840, et d'une autre de M. le préfet de l'Oise, du 24 avril 1844.

« Il se trouve, en dehors des chemins vicinaux, dans toutes les
» communes, un assez grand nombre de communications dont la
» suppression, bien qu'elles soient d'une importance moindre, ne
» serait pas sans inconvénient, soit parce que ces chemins donnent

» accès à une fontaine publique, à un abreuvoir, à un terrain com-
» munal, soit parce qu'ils sont nécessaires à l'exploitation de quelques
» propriétés riveraines. Ces voies de communication, qui seront do-
» rénavant appelées chemins ruraux, sont bien réellement des chemins
» publics, car elles servent ou peuvent servir à l'usage de tous et ne
» sont réclamées par personne à titre de propriété privée. L'autorité
» publique ne saurait donc pas rester étrangère au régime des
» chemins ruraux; elle doit surveillance et protection à cette partie
» de la propriété communale; mais par cela seul que des dispositions
» législatives récentes ont statué sur tout ce qui a rapport aux che-
» mins vicinaux, il a semblé en naître plus d'incertitude sur les droits
» et les devoirs de l'autorité, en ce qui concerne les chemins non
» déclarés vicinaux, les chemins ruraux. Plusieurs questions ayant été
» soumises à cet égard à l'Autorité supérieure, le Conseil d'Etat a été
» appelé à les examiner. Sur son avis et d'après la législation existante,
» M. le Ministre de l'intérieur a, par sa circulaire du 16 novembre
» 1839, prescrit à l'égard des chemins ruraux, différentes dispositions
» que je dois porter à votre connaissance, en vous donnant des ins-
» tructions pour en assurer l'exécution.

» C'est à la loi du 16 - 24 août 1790 qu'il faut remonter pour
» trouver l'attribution donnée, en cette matière, à l'Autorité adminis-
» trative. L'article 8 du titre 2 de cette loi comprend parmi les objets
» de police confiés à la vigilance et à l'autorité des corps municipaux,
» tout ce qui intéresse la sûreté et la commodité du passage dans
» les rues, quais, places et voies publiques. Aux termes de l'article
» précité, MM. les maires peuvent donc et doivent même prescrire
» les mesures nécessaires pour assurer la sûreté et la commodité
» du passage sur les chemins ruraux. Les arrêtés réglementaires
» qu'ils ont à prendre à ce sujet sont exécutoires après l'accomplis-
» sement des formalités que prescrit l'article 11 de la loi du 18
» juillet 1837.

» L'état général des chemins ruraux une fois rédigé et défini-
» tivement arrêté par nous, fera titre pour la commune et, le maire
» devra veiller à ce qu'il ne soit fait aucune anticipation sur le sol de
» ces chemins. Procès-verbal des contraventions qui seraient com-

» mises, devrait être rédigé par les fonctionnaires ou agents ayant
» qualité pour verbaliser sur les délits ruraux.

Mode de répression des anticipations.

» Les procès-verbaux constatant des anticipations sur les chemins
» ruraux doivent être déférés par vous, non pas au conseil de pré-
» fecture, qui n'est compétent que pour les chemins vicinaux, mais
» bien au tribunal de simple police, pour être fait application du pa-
» ragraphe 11 de l'artice 479 du code pénal, qui condamne à 5 francs
» d'amende ceux qui auront usurpé sur la largeur des chemins publics.

Mode de répression des dégradations commises sur les chemins ruraux.

» Les dégradations commises sur les chemins ruraux, enlèvemens
» de pierres, de terre ou de gazon, tout ce qui tend enfin à nuire à
» la sûreté et à la commodité du passage, doivent également être cons-
» tatés par procès-verbaux des mêmes fonctionnaires et agens, et
» poursuivis aussi devant le tribunal de simple police pour l'applica-
» cation des mêmes articles du code pénal.

Recepage et élagage des chemins ruraux.

» Un autre genre d'obstacle qui nuit souvent à la liberté du passage
» sur les chemins ruraux, est celui résultant de l'excroissance des
» haies et des arbres plantés le long de ces chemins. Vous avez tou-
» jours, Monsieur le Maire, le droit comme le devoir d'y pourvoir,
» car cela rentre dans la série des mesures que la loi des 16-24 août
» 1790 vous autorise à prendre, pour assurer la sûreté et la commo-
» dité du passage sur les voies publiques. L'Autorité administrative a
» dû régler la distance du bord des chemins vicinaux à laquelle les
» haies et les arbres doivent être plantés, en vertu de la loi du 21
» mai 1836; mais pour les chemins ruraux, il existe des usages et
» même des réglemens de police qui doivent être maintenus : en con-
» séquence, si les racines des plantations faites le long des chemins ru-
» raux anticipent sur le sol de ces chemins de manière à gêner la
» circulation, ou même à restreindre graduellement la largeur, vous

» pouvez et devez, Monsieur le Maire, prendre un arrêté pour
» ordonner le recepage de ces racines. De même, si le branchage des
» haies ou des arbres, en s'avançant au-dessus des chemins ruraux,
» fait obstacle au libre passage des voitures, vous devez en ordonner
» l'élagage ; le refus d'obtempérer à vos arrêtés, serait constaté par
» procès-verbal, et déféré au tribunal de simple police. Je rappelerai
» ici qu'il s'agirait d'un arrêté permanent qui serait soumis, pour
» être exécutoire, aux formes prescrites par l'article 11 de la loi du
» 18 juillet 1837.

» Après vous avoir indiqué les mesures qu'il convient de prendre
» soit pour opérer la reconnaissance des chemins ruraux, soit pour
» réprimer les usurpations qui seraient commises sur le sol de ces
» chemins ou pour faire disparaître les obstacles qu'on apporterait
» à la libre circulation, je vais vous entretenir, messieurs, des
» moyens à employer pour assurer la réparation de ces voies
» publiques, et vous faire connaître les solutions que M. le ministre
» de l'intérieur a données aux questions qui lui ont été soumises à ce
» sujet.

» Les ressources créées par la loi du 21 mai 1836, les prestations
» en nature, les centimes spéciaux et même les centimes extraor-
» dinaires qui seraient imposés en vertu de l'article 6 de la loi
» du 28 juillet 1824, sont exclusivement affectés à la réparation
» et à l'entretien des chemins vicinaux. Ce n'est qu'en vue de ces
» chemins que le législateur a autorisé l'assiette et le recouvrement
» de ces impositions diverses, et aucune partie de ces ressources
» ne saurait être détournée pour être employée sur des chemins non
» classés (1).

---

(1) « Je ne terminerai cependant pas ce qui a rapport aux travaux, dit le
ministre dans son instruction du 24 juin 1836, sans vous rappeler encore, et
» sans vous inviter à bien faire connaître aux maires, qu'aucune partie des fonds
» communaux ou des prestations en nature, ne doit être employée sur des
» chemins qui n'auraient pas le caractère voulu par la loi du 21 mai 1836,
» c'est-à-dire qui n'auraient pas été légalement reconnus par un arrêté du
» préfet. Tout emploi, soit de fonds, soit de prestation, sur un chemin non
» légalement reconnu, pourrait donner lieu, contre le fonctionnaire qui l'aurait
» ordonné, à une accusation de détournement de fonds, ou au moins à une
» action en réintégration de fonds illégalement employés. — Il en serait de
» même de l'emploi à d'autres travaux des fonds destinés à la réparation des
» chemins vicinaux.

» On a demandé si, dans l'impossibilité d'user, pour l'entretien
» des chemins ruraux, des ressources réservées aux chemins vicinaux,
» l'autorité n'aurait pas le droit d'astreindre à pourvoir à cet entre-
» tien, les sections de communes, ou, pour parler plus exactement,
» les propriétaires à qui ces chemins ruraux sont nécessaires pour
» l'exploitation de leurs terres.

» L'absence de toute disposition légale sert de réponse à cette
» question. La loi du 21 mai 1836 a mis la réparation et l'entretien
» des chemins vicinaux à la charge des communes et a voulu qu'en
» cas d'insuffisance des revenus communaux, cette charge fût imposée
» directement aux citoyens au moyen de prestations en nature et de
» centimes spéciaux jusqu'à un maximum fixe ; mais il n'existe pas de
» loi qui permette d'imposer aux citoyens, d'une manière obligatoire,
» l'entretien et la réparation des chemins non déclarés vicinaux. Il est
» à désirer, sans doute, que les particuliers qui fréquentent habituel-
» lement les chemins ruraux pour l'exploitation de leurs propriétés,
» comprennent assez bien leurs intérêts pour consentir volontairement
» à améliorer ces voies publiques et s'entendent entr'eux à cet effet ;
» mais l'autorité ne peut intervenir ni pour prescrire l'entretien,
» ni même pour rédiger ou rendre exécutoires les rôles des contribu-
» tions volontaires en nature ou en argent que les propriétaires
» intéressés voudraient bien s'imposer ; tout, dans ces travaux, doit
» être libre en fait comme en droit.

» Il n'est qu'un seul cas où il serait possible à l'administration
» municipale de faire quelque chose pour l'entretien des chemins
» ruraux : c'est celui où une commune peut entretenir ses chemins
» vicinaux avec ses seuls revenus, sans avoir recours aux prestations
» ni aux centimes spéciaux, et où, toutes ces dépenses obligatoires
» assurées, le conseil municipal voudrait affecter quelques fonds
» à l'entretien des chemins ruraux, sous l'approbation, bien entendu,
» de l'autorité qui règle le budget.

» Si, par l'effet de quelque circonstance, un chemin rural venait à
» acquérir assez d'importance pour que son entretien fût indispensable
» ou seulement utile aux intérêts de la commune, on pourrait,
» en remplissant les formalités voulues, le comprendre dans la

» catégorie des chemins vicinaux , ce qui permettrait alors de pour-
» voir à son entretien avec les ressources créées par la loi du 21
» mai 1836.

» En résumé , Messieurs , l'action de l'autorité administrative, en
» ce qui concerne les chemins ruraux, n'est donc à peu près que
» préventive , c'est-à-dire qu'elle a pour objet de les défendre contre
» les anticipations et les dégradations , et de faire disparaître les
» obstacles qui seraient de nature à gêner la sûreté et la commodité
» du passage sur ces voies publiques; toutefois cette action préventive
» importe assez aux intérêts agricoles pour qu'elle doive être exercée
» avec suite et fermeté. »

———

Ma tâche est remplie. Si le résultat de mes recherches et de mes
observations peut être de quelque utilité , mon but sera atteint :
à cela seulement se bornent mes prétentions.

———

Des renseignemens que nous trouvons dans le dernier numéro des
Annales des chemins vicinaux, nous obligent à rectifier quelques
erreurs que nous avons commises en parlant du personnel des agens-
voyers.

D'abord, nous ne portons qu'à quatre, au plus, le nombre des
départemens qui allouent une indemnité aux ingénieurs, pour le service vicinal, et ce nombre est de huit; voici les noms : le Cher,
l'Eure-et-Loire, la Mayenne, l'Oise, la Sarthe, la Seine, la Seine-
Inférieure et le Vaucluse.

Ensuite, nous disions que la dépense du personnel n'est annuellement que de 2,000,000 francs, tandis qu'elle est tout compris, de
2,688,121 francs.

Nous ajouterons qu'en parlant de gratifications et indemnités à
allouer aux agens-voyers, à divers titres, nous pensions que l'on n'en
accordait que dans un très petit nombre de départemens; nous
sommes heureux de reconnaître que nous nous sommes étrangement
trompés à cet égard.

En effet, il n'y a que dix départemens dans lesquels on n'ait pas
voté une somme plus ou moins forte, avec cette affectation. Ces départemens sont : les Basses-Alpes, l'Aude, le Calvados, la Corse, l'Eure-
et-Loire, le Gard, la Haute-Garonne, le Lot-et-Garonne, l'Oise et la
Seine-Inférieure.

DÉPARTEMENT
de

N° 1.

ARRONDISSEMENT
de

Notification à faire aux riverains qui doivent fournir du terrain pour l'élargissement des chemins.

COMMUNE
de

A M.   demeurant à

Monsieur,

Vous êtes informé que pour donner au chemin de
à   classé comme
vicinal par arrêté de M. le préfet, en date du   ,
la largeur fixée par ledit arrêté, en suivant la direction
déterminée par le plan approuvé le (1)
il sera pris sur votre propriété située
sur la rive   dudit chemin, une parcelle de
terrain d'une contenance de   , pour
lequel la commune offre une indemnité de
tout compris, et dont le détail suit :

        ares   centiares de terrain, à   l'are, ci. . .
        mètres courants de haie , à   l'un, ci. . .
        arbres, à   l'un (prix moyen), ci. . .
        pour dommages résultant de   ci. . .

                              TOTAL. . . . .

Dans le cas où cette somme ne vous paraîtrait pas assez
élevée, vous êtes prié de me faire connaître vos intentions , par écrit , dans le délai de huit jours (2) , en désignant, en même tems, l'expert que vous aurez choisi pour
procéder avec celui de la commune , conformément aux
dispositions du 2e § de l'article 17 de la loi du 21 mai 1836.
Faute par vous d'obtempérer à mon invitation , dans le

(1) S'il n'y a pas eu de plan dressé, mais que le chemin soit borné, on rem-
placera les mots : *par le plan approuvé*, etc , par ceux-ci : *par le procès-verbal
d'abornement dressé le*

(2) Si le propriétaire du sol ne se trouvait pas sur les lieux , il faudrait accorder
un délai proportionnel à la distance entre le lieu de sa résidence et celui où
s'exécuteraient les travaux.

délai prescrit, je considérerais votre silence comme une adhésion à mes propositions et ferais procéder, sur votre propriété, à l'exécution des travaux d'élargissement dont il vient d'être question.

Je dois vous informer, en outre, que toute observation de votre part, étrangère à la fixation du montant de l'indemnité qui pourra vous être due, serait considérée comme non avenue et ne pourrait par conséquent faire obstacle à l'occupation du terrain.

A   le   18

Le Maire,

Notifié par nous garde-champêtre de la commune de   le   18

Le Garde-Champêtre,

DÉPARTEMENT

de

ARRONDISSEMENT

de

COMMUNE

de

N° 2.

*Notification à faire aux riverains quand il s'agit
d'aliéner des relais des chemins.*

A M.   demeurant à

Monsieur,

Le conseil municipal de la commune de
ayant, par la délibération en date du   ,
consenti l'aliénation d'une parcelle de terrain d'une conte-
tenance de   située le long du chemin
de   à   près de votre
propriété, et portée sur le plan dressé le
par M.   , sous le n°   , vous êtes
invité à déclarer, dans le délai de huit jours (1) à partir de
la notification du présent avis, si vous êtes dans l'intention
de profiter du bénéfice de l'art. 19 de la loi du 21 mai 1836,
en faisant la soumission de vous rendre acquéreur de ladite
parcelle de terrain, au prix qui sera fixé conformément aux
dispositions de l'art. 17 de la loi précitée, par l'expert de
la commune et celui que vous désignerez pour vous représenter.

Faute par vous d'obtempérer à mon invitation, je considérerais votre silence comme un refus et provoquerais la
vente de ladite parcelle de terrain, aux enchères avec
publicité et concurrence.

A   , le   18   .

Le Maire,

Notifié par nous garde-champêtre de la commune de

A   , le   18   .

Le Garde-Champêtre,

(1) On doit accorder un délai proportionnel à la distance entre la demeure du
propriétaire et la commune sur le territoire de laquelle est situé le terrain à
vendre.

N° 3.

Soumission à faire par les riverains des parties d'un chemin vicinal qui a cessé de servir de voie de communication, par suite d'abandon ou de changement de direction.

Le soussigné (nom , prénoms et profession) demeurant à   , département de   , informé que , par délibération en date du   , le conseil municipal de la commune de   , département de   , a consenti l'aliénation d'une parcelle du chemin vicinal de   à   , laquelle parcelle d'une contenance de   ares   centiares est portée sur le plan dréssé le   par M.   , sous le n°   , déclare être dans l'intention de profiter du bénéfice de l'art. 19 de la loi du 21 mai 1836 , en se rendant acquéreur de ladite parcelle du chemin.

Il s'engage à en payer la valeur, d'après l'estimation qui en sera faite, dans la forme déterminée par l'art. 17 de la loi précitée, et désigne, dès à présent, comme expert, pour le représenter, M. (nom , prénoms et profession) demeurant à

A   , le   18   .

N° 4.

Acte de vente pour les relais de chemin.

L'an mil huit cent quarante-   , le

Nous (nom et prénoms), maire de la commune de

agissant en vertu de l'arrêté de M. le préfet en date du   ,

dont copie est ci-après transcrite, vendons, au nom de ladite commune, à

M. (nom , prénoms , profession et domicile), qui l'accepte, la partie du chemin

dit (désigner le nom du chemin), comprise depuis   jusqu'à

, contenant   et suivant le plan ci-joint ,

qui a été dressé le   par   . Le prix de

cette aliénation , qui a été déterminé à la somme de

par le procès-verbal   d'estimation ci-annexé , sera versé dans

les mains du receveur municipal quinze jours après l'approbation du présent acte.

M.   entrera en jouissance à la même époque de l'objet qui

lui est vendu , et il lui sera remis une expédition de cet acte , après la formalité

d'enregistrement qui suivra celle d'approbation.

Les frais de cette expédition et de celle qui sera délivrée au receveur munici-

pal, ainsi que tous ceux qu'occasionneront cette vente, seront à la charge de

l'acquéreur.

Suit la teneur de l'arrêté sus-mentionné (le copier ici).

Fait en mairie , à   , le   , et

les contractants ont signé après lecture.

N° 5.

Acte de vente pour les terrains communaux, vains et vagues.

L'an mil huit cent quarante-   , le

Devant nous (nom et prénoms) maire de la commune de   ,

Assisté de MM. (noms et prénoms de deux) membres du conseil municipal et de

M.   , receveur municipal,

Il a été procédé à l'adjudication de la vente aux enchères et à l'extinction des feux, des terrains dont l'aliénation a été autorisée par arrêté de M. le préfet en conseil de préfecture, à la date du   , conformément au cahier de charges dressé par nous, le   , approuvé par M. le préfet, le   et enregistré à   le   , et suivant l'ordre du procès-verbal d'estimation rédigé par   , le   .

Après avoir donné lecture au public réuni en conséquence des affiches que nous avions fait placarder dans notre commune et dans les principales communes de l'arrondissement de   ; 1° de l'arrêté de M. le préfet ; 2° du cahier de charges ; 3° et du procès-verbal descriptif et estimatif des terrains à vendre, nous avons proclamé le premier lot sur la mise à prix de   . Pendant les premiers feux, les enchères qui ont été successivement offertes, ont élevé cette prisée à   , et deux autres feux s'étant éteints sans nouvelle enchère, nous avons adjugé ledit premier lot au sieur (nom, prénoms et profession), demeurant à   , dernier enchérisseur, moyennant la somme de   , et ledit sieur (nom) a signé avec nous après lecture.

(*Signatures*)

Le deuxième lot, etc. (comme ci-dessus.)

Le présent procès-verbal d'adjudication, auquel demeureront annexées les pièces qui lui servent de base, ne produira d'effet qu'après avoir reçu l'approbation de l'autorité compétente.

Fait et signé à   , les jour, mois et an susdits, après nouvelle lecture.

DÉPARTEMENT
de

N° 6.

ARRONDISSEMENT
de

Autorisation de construire le long des chemins,
rues et places publiques.

COMMUNE
de

*Extrait du registre des arrêtés du maire de la commune
de*

VOIRIE URBAINE.

Nous, Maire de la commune de

Vu la demande en date du   que
nous a adressée le Sr   demeurant à
à l'effet d'être autorisé à (1)

le long d (2)

Vu les articles 3 du titre XI de la loi du 24 octobre 1790,
102, 103 et 113 du réglement général du 20 janvier 1843,
et les dispositions de la circulaire du 24 avril 1844, insérée
au recueil des actes administratifs, page 65 et suivantes;

Vu le plan d'alignement des rues et places de la commune
de   dument approuvé le

Vu le plan des lieux (3) et le projet définitif d'alignement,
proposé par l'agent-voyer d'arrondissement ; (4)

Considérant que

ARRÊTONS :

Article 1er. Le sieur   ci-dessus désigné est
autorisé à

---

(1) Construire un mur, un bâtiment ou à établir une clôture.

(2) Désigner la voie publique sur laquelle la construction doit avoir lieu.

(3) On ne dresse de plan particulier que quand il n'existe plus de plan général;
la plupart du temps, un plan visuel suffit, pourvu qu'il soit coté exactement.

(4) Il va sans dire que l'intervention de l'agent-voyer, est purement facultative ; il assiste le maire, si ce fonctionnaire en exprime le désir.

le long de   en suivant l'alignement
qui se trouve déterminé par la ligne rouge du plan ci-annexé,
et qui partant de   passe
et arrive

Art. 2. L'indemnité à   pour le terrain, (1)
                   par lui par suite de l'exécution de l'alignement
dont il s'agit, et dont la contenance est de
sera fixée à l'amiable si faire se peut, sauf ratification du
Conseil municipal et approbation de l'autorité compétente;
sinon, elle sera réglée (2)

Art. 3. La présente autorisation est donnée sous les
conditions expresses qui suivent :

1° De suivre en tous points l'alignement prescrit, de ne
le dépasser par aucune saillie et de le faire vérifier par le
garde-champêtre, lorsque les fondations seront au niveau
du sol ;

2° De ne pas déposer de matériaux sur la voie publique ;

3° De ne donner aux échafaudages de construction qu'une
largeur d'un mètre ;

4° De conserver l'écoulement des eaux pluviales le long
de la propriété du pétitionnaire ;

5° De ne pas effectuer de travaux qui soient de nature
à rejeter ces eaux sur la voie publique ;

Art. 4. Le sieur   garde-champêtre de
la commune de   est chargé de l'exécution
du présent arrêté.

Le Maire,

(3) Pour copie conforme :

(1) Cédé ou délaissé.
(2) Conformément aux dispositions des articles 15 et 17 de la loi du 21 mai
1836, s'il s'agit d'un chemin vicinal, et par le jury d'expropriation, conformément
à l'avis du Conseil d'Etat du 1er avril 1841, s'il s'agit d'une rue ou d'une place
publique.
(3) Cet arrêté doit être transcrit sur une feuille de papier au timbre de
1 fr. 25 c., ainsi que nous l'avons dit, page 68.

(Nº 7.)

Département de l'Oise.

Appréciation sommaire des travaux à exécuter en 184   , sur les chemins vicinaux de la commune d

(1er §, art. 12 du réglement du 20 janvier 1845. (1)

Nos d'ordre.	DÉSIGNATION des CHEMINS. (*)	NATURE des TRAVAUX.	Importance approximative de la dépense pour		OBSERVATIONS.
			Travaux neufs	Entretien.	
		TOTAL. . . .			

A

le

184   .

L'*Agent-Voyer de la circonscription de*

Vu par l'Agent-Voyer d'arrondissement.

Le Maire,

(*) Ne pas perdre de vue que l'on ne doit s'occuper que des chemins les plus importants, et de ceux surtout qui intéressent plusieurs localités.

Nota. MM. les maires sont priés de retourner cette pièce, avec la délibération à intervenir.

(1) Ce § est ainsi conçu : Tous les ans, avant le mois de mai, les agens-voyers visiteront chaque commune de leur circonscription et établiront de concert avec les maires, l'appréciation sommaire des dépenses à faire sur les chemins vicinaux, pendant l'année suivante.

TABLE CHRONOLOGIQUE

DES LOIS, DÉCISIONS, ARRÊTS, ETC.,

RAPPORTÉS DANS CET OUVRAGE.

PREMIÈRE PARTIE.

Arrêts du Conseil d'Etat.

Avis du Conseil d'Etat.

Arrêts de la Cour de cassation.

Arrêts des Cours royales.

Circulaires et instructions du ministre de l'intérieur.

Jugemens des tribunaux de première instance.

DEUXIÈME PARTIE.

Lois, ordonnances et réglemens.

Arrêts du Conseil d'Etat.

Arrêt de la Cour de cassation.

Instruction ministérielle.

Circulaires préfectorales.

N.º 1.ᵉʳ Profil d'une chaussée d'après les conditions des devis actuels.

La ligne hachée indique le fond de l'encaissement de A en B. La ligne ponctuée le dessus de l'encaissement.

N.º 2. Profil d'une chaussée faite par la plupart des Entrepreneurs.

N.º 3. Profil d'une chaussée exécutée d'après les nouvelles instructions.

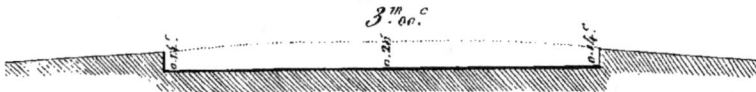

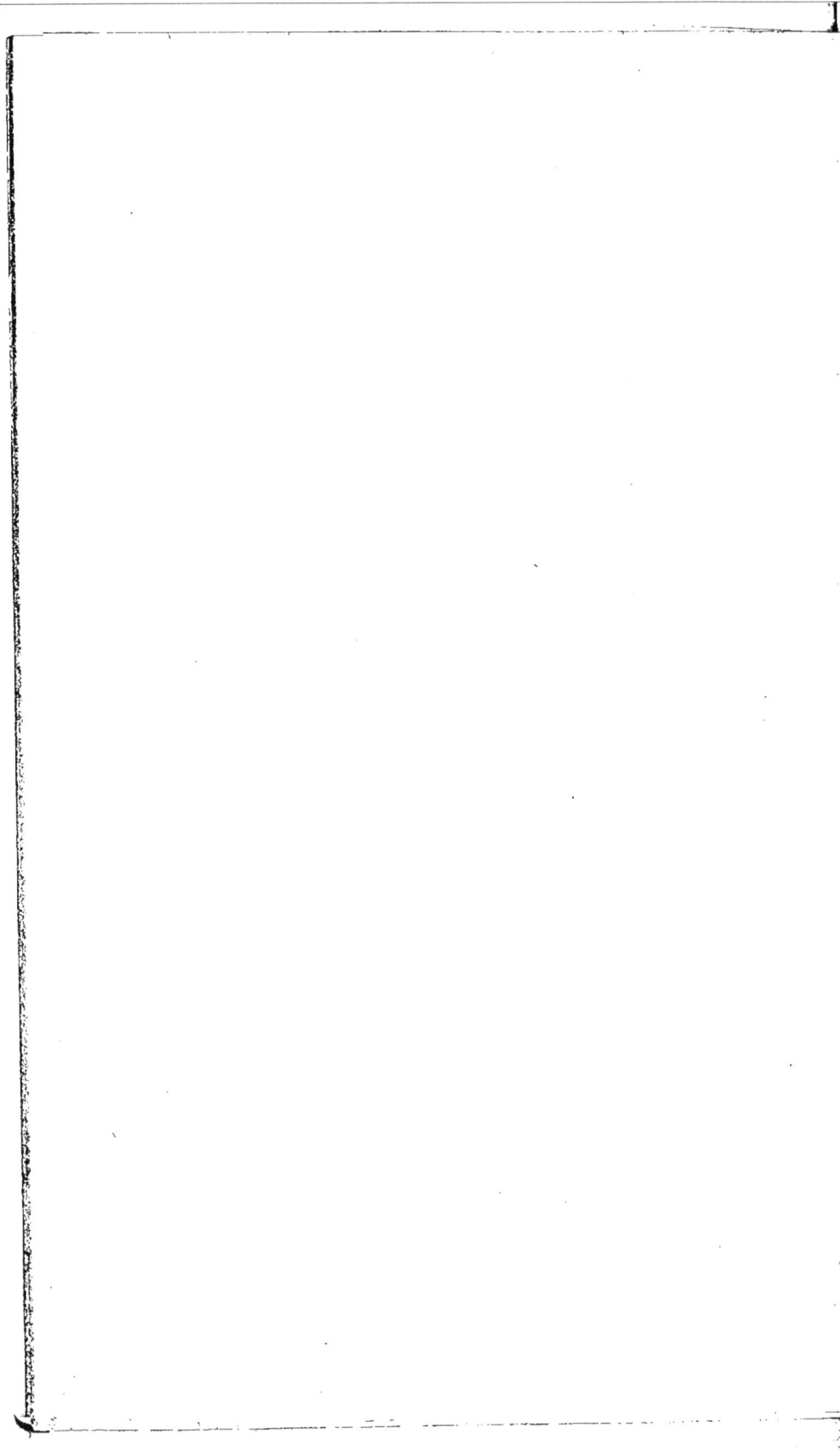

TABLE ALPHABÉTIQUE DES MATIÈRES.

Première partie.

A

P

R

Deuxième partie.

A

BEAUVAIS, IMPRIMERIE DE MOISAND.

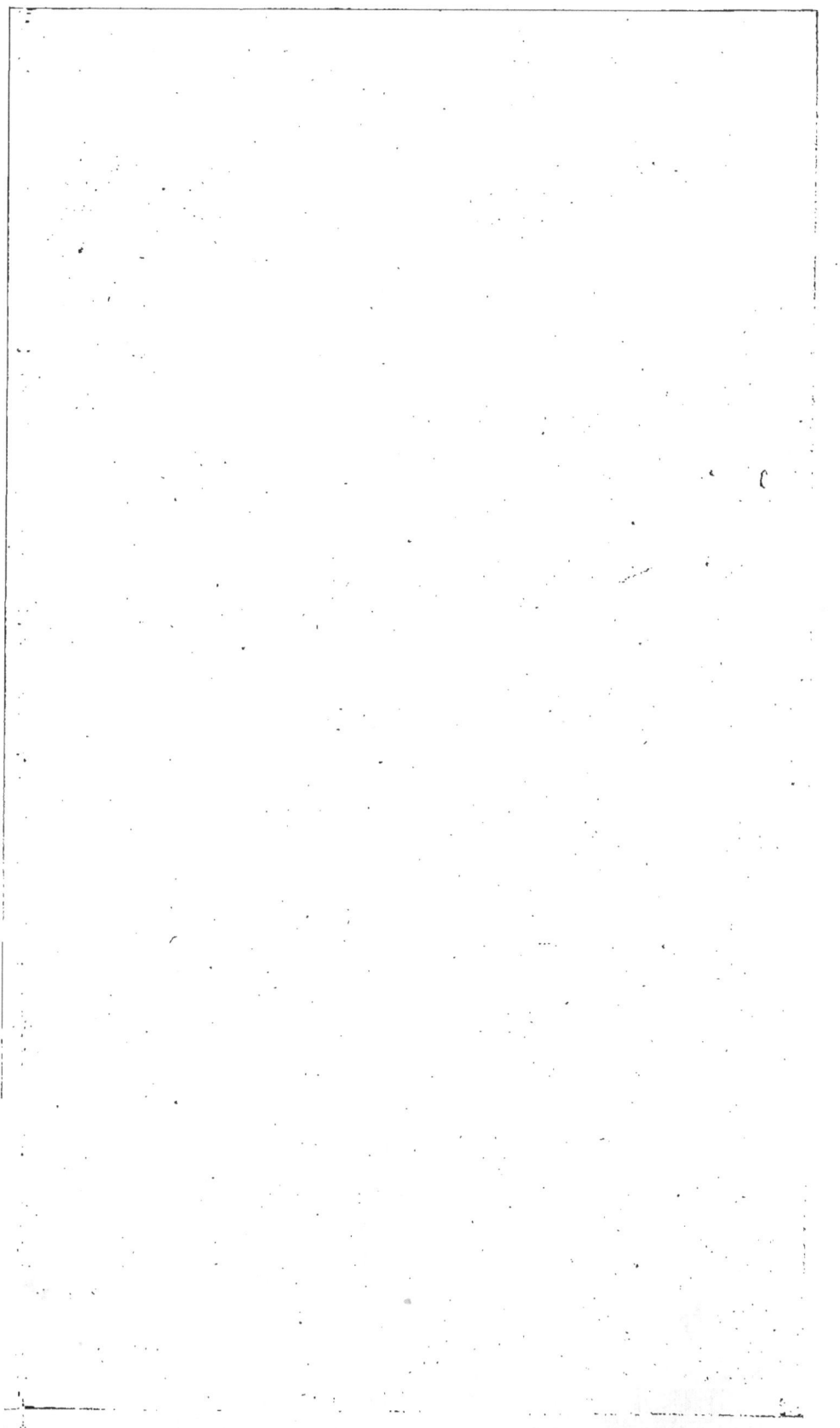

www.ingramcontent.com/pod-product-compliance
Lightning Source LLC
Chambersburg PA
CBHW072146270326
41931CB00010B/1903